KB252694

말의 부자

말의 부자

내가 가진 말이
곧 나의 자산이 된다

말의 부자

김도연 지음

The
Wealth
of
Words

언더라인

말의 품격을 되찾고,
관계의 중심을 바로 세우는 여정

누군가의 고통을 마주하는 일을 생의 업으로 선택한 후, 수많은 이들의 사연을 가슴에 담고 그들의 행복을 축복하며 배웅하는 과정을 오랫동안 함께해왔습니다. 처음 대학병원 외래에서 근무를 시작할 때, 저는 우울과 불안 등 다양한 심리 증상의 회복을 돕기 위해 이론과 실무에 만전을 기했습니다.

그러나 상담실 문을 두드리는 분들의 삶에는 특정한 증상보다 더 깊은 뿌리에서 파생된 고통이 자리하고 있었습니다. 그것은 바로 '관계 언어'에서 비롯된 상처였습니다.

"선생님, 그 사람의 말이 아직도 잊히질 않아요."
"그 말을 들으니 너무 힘이 났어요. 감동적이었어요."

자세히 들여다보니 일로 인한 스트레스는 어떻게든 견뎌내지만, 관계에서 오는 괴로움은 심리적 소진을 깊고 오래 지속시켰습니다.

병원을 떠나 상담소에서 많은 분을 만나는 지금도, 여전히 '말로 입은 상처'와 '말로 얻은 희망'은 삶의 중심에 놓여 있습니다.

저는 상담할 때마다 부모, 직장인, 연인 등 남녀노소를 불문하고 모두가 누군가의 말에 슬퍼하고 기뻐하며 한 주를, 일 년을, 그리고 생을 보낸다는 것을 깨닫습니다. 그때마다 "자녀에게 이 말을 먼저 해보세요.", "그 말은 오해를 줄 수 있어요. 이렇게 말해볼까요?", "그 분께 더 필요한 말은 이런 말일 것 같아요."라며 말 습관과 문장 하나 하나에 도움을 드렸습니다.

마주 앉은 분 중에는 "그렇게는 한 번도 말해보지 않았어요.", "그 말은 생각조차 못했네요."라며 놀라시거나, 혹은 고개를 끄덕이며 깊이 공감하시는 분들이 많았습니다. 사실, 제가 안내해 드린 말은 그리 대단한 어휘가 섞인 특별한 문장이 아니었습니다.

다만, 상황에 맞지 않는 말, 필요한 때를 놓친 말, 뒤늦게 쏟아낸 말, 불필요한 군더더기가 더해진 말, 혹은 어떤 말이 비수가 되는지 몰라 관계가 엉키고 멀어지며 끝이 나는 사연이 참 많았습니다. 그래서 더욱 안타까웠고, 이 경험들을 바탕으로 말의 실제 쓰임을 맥락과 관계에 따라 잘 활용하실 수 있도록 안내해 드리는 마음으로 정성껏 집필을 시작했습니다.

말의 품격, 관계의 자산

말은 그 사람의 내면을 비추는 거울이자, 나를 세상에 증명하는 인격 명함입니다.

우리는 너무 많은 '말의 소음' 속에 살고 있습니다. 끝없는 정보와 알림, 감정 소모적인 대화 속에서 정작 당신의 말은 가장 중요한 순간에 힘을 잃거나, 소중한 사람들에게 깊은 상처를 남기기도 합니다.

관계가 꼬일 때마다 많은 분이 "저는 원래 말주변이 없어서요.", "성격이 급해서 어쩔 수가 없네요."라고 자책하곤 합니다. 하지만 좋은 대화와 건강한 관계는 타고난 재능의 영역이 아닙니다. 말은 근육과 같아서, 올바른 방향으로 훈련하면 얼마든지 알맞고 유연해질 수 있습니다. 훈련된 말은 관계의 품격을 결정합니다.

이 책은 겉치레뿐인 처세술 대신, 당신의 관계 에너지를 효율적으로 관리하고, 나의 '진짜 가치'가 훼손되지 않도록 보호하는 관계 언어에 집중합니다. 당신의 표현에 '전략적 마인드'를 심어주어 말의 밀도를 높이고, 진심을 왜곡 없이 전달하는 법을 다룹니다. 나아가, 우리가 곁에서 자주 접하게 되는 사연과 그에 맞는 대화법, 인생을 바꾼 말과 관계를 어긋나게 하는 말을 구분하여 이해하기 쉽게 설명했습니다. 그리고 가장 중요한 대상인 '바로 나'와의 관계 대화는 어떻게 해야 할지, 자신과의 깊은 소통법을 함께 소개합니다.

'말'은 타고난 기질이 아니라, 우리가 매일 투자하고 관리해야 할 가장 중요한 소프트 스킬이자 자산입니다. 제대로 돌보지 못한 말은 당신의 커리어와 재정적 기회, 그리고 소중한 관계를 조용히 갉아먹습니다.

이 책은 잃어버린 '말의 품격'을 되찾고, 관계의 중심을 바로 세우는 여정입니다. 무례함과 피로함이 넘치는 세상 속에서, 내 감정과 에너지를 지키면서도 타인과 깊이 연결되는 가장 현실적이고 인간적인 소통 전략을 제안합니다.

책의 구성: 나에서 시작해 관계로 완성되다

이러한 성장의 길을 딛기 위해, 이 책은 총 4개의 과정Class을 제시합니다.

Class 1. 나를 지키는 말: 흔들리지 않는 관계의 기초

타인의 시선에 휘둘리기 전에, 먼저 나 자신을 단단하게 세웁니다. 우아하게 거절하는 법, 변명 대신 인정하는 용기 등을 통해 어디서든 유연하게 나를 지키고, 단단한 자존감을 구축하는 실전 대화법을 배웁니다.

Class 2. 마음을 여는 말: 공감과 이해를 통한 깊은 연결

서툰 위로 대신 상대를 온전히 수용하는 대화법과 가식 없는 연결의 순간을 만드는 라포Rapport 형성법을 익힙니다. 공감을 진솔하게 전하는 방식, 다양한 경청의 기술, 그리고 공통점을 찾아 질문하는 지혜로운 말을 통해 타인과 깊은 유대감을 만드는 '관계 맵'을 구축합니다.

Class 3. 관계를 단단하게: 표현의 밀도를 높이는 기술

좋은 관계는 적절한 표현 위에서 깊어집니다. 칭찬, 사과, 부탁을 비롯해 성장을 돕는 조언(피드백)까지, 일상에서 가장 중요한 표현들을 감정 소모 없이 전략적으로 전달하는 구체적인 화법과 샌드위치 기법까지 체계적으로 익힙니다.

Class 4. 삶을 풍요롭게: 관계의 폭을 확장하고 완성하다

가장 가까운 이에게 안부를 묻는 다정함과 노력과 수고를 인정하는 말을 익힙니다. 새로운 인연을 맺는 시작부터 관계의 마침표를 찍는 순간까지. 말의 쓰임이 삶의 모든 장면에 깊이와 아름다운 잔향이 되도록 돕습니다. 나아가 디지털 공간의 소통 예절을 통해 당신의 언어가 특별한 '나의 가치'가 되는 차이를 배웁니다.

이제 친밀함을 가로막던 오랜 말 습관에서 벗어나, 당신의 언어가 내 삶과 마음을 지키고 관계에 빛을 더하는 연금술이 되기를 희망합니다. 온 정성을 다해 관계를 따뜻하게 돌보고 유려하게 밝힐 말들을 다듬어 준비했습니다.

여러분의 삶에, 이 아름다운 말들이 오롯이 닿기를 바랍니다.

2026년 2월, 김도연 드림

차례

<table>
<tr><td>작가의 말</td><td>말의 품격을 되찾고, 관계의 중심을 바로 세우는 여정 • 5</td></tr>
</table>

CLASS 1 | 나를 지키는 말, 관계의 기초를 세우다

<table>
<tr><td>CLASS 2</td><td>마음을 여는 말, 공감과 이해를 깊게 하다</td></tr>
</table>

CLASS 3 관계를 단단하게, 표현의 기술을 익히다

CLASS 1

나를 지키는 말,
관계의 기초를 세우다

단호할 땐 단호하게

"좋은 게 좋은 거지 뭐."

"그냥 내가 참으면 되지."

우리는 종종 이런 생각으로 불편한 상황을 외면하거나 부당한 요구에도 침묵하곤 합니다. 하지만 모호하게 말하거나 상황을 피하는 태도는 오히려 문제를 키우고, 우리 자신을 관계에서 순응적인 위치에 놓이게 합니다. 많은 사람이 단호하게 말하는 것을 어려워하는데, 이는 단호함이 곧 냉담함이나 이기심으로 비칠까 봐, 혹은 관계가 깨질까 봐 주저하기 때문입니다. 그러나 '좋은 게 좋은 것'이라는 생각으로 자신의 감정을 억누르면, 상대방과의 관계에서 '심리적 허용치'가 커져 결국 감당하기 힘든 일이 반복될 수 있습니다.

단호하게 말하지 못하고 회피로 일관하면 관계의 불균형은 점점 커집니다. 상대방은 당신의 모호한 태도를 '허용'으로 받아들여 부당한 요구를 계속하게 되고, 결국 한쪽이 일방적으로 희생하거나 손해를 보는 관계가 고착화됩니다.

처음에는 작은 불편함으로 여겼던 일들이 상대방이 그 행동을 당연하게 여기면서 감당할 수 없을 정도로 허용 범위가 커지게 됩니다. 제때 자신의 욕구를 표현하지 못하고 억누르면 내면에 분노와 좌절감이 쌓이고, 이는 결국 예측 불가능한 순간에 폭발하거나 관계 자체를 단절하는 상황으로 이어질 수 있습니다.

실제로 한 내담자는 직장 동료가 업무 시간 외에도 사적인 부탁을 자주 했고, 내담자는 불편했지만 '괜히 거절했다가 관계가 나빠질까 봐' 매번 부탁을 들어주었습니다. 하지만 시간이 지날수록 극심한 피로감과 함께 상대방에 대한 스트레스가 커졌습니다. 결국 어느 날, 쌓였던 감정이 한꺼번에 터져 나왔고 관계는 급격히 나빠졌습니다. 내담자는 "그때 단호하게 말했더라면 이렇게까지 되진 않았을 텐데요."라며 후회했습니다.

단호함이 필요한 순간들

건강한 관계를 유지하기 위해서는 때로 단호함이 필요합니다. 이는 자신을 존중하고 돌보기 위한 선택이며, 관계의 균형을 바로잡는 현명한 결정입니다. 특히 다음과 같은 상황에서는 자신의 경계를 분명히 해야 합니다.

부당하거나 불필요한 요구에 맞설 때

상대방의 과도한 요구를 받아주다 보면 당신의 시간과 에너지가 소진됩니다. 거절을 분명하게 하는 단호함은 자신의 일상을 지키는 단단한 선택입니다.

일방적인 관계가 지속될 때

한쪽의 노력만으로 유지되는 관계는 결국 무너질 수밖에 없습니다. 상대방의 자기중심적인 태도에 맞추거나 문제를 이해로 덮고자 한다면 상황은 악화될 뿐입니다. 관계의 균형을 되찾기 위해선 명확한 의사 표현이 필요합니다.

감정적 손상이 반복될 때

비난이나 무시가 반복되는 관계는 당신의 자존감을 갉아먹습니다. 감정적 손상을 막기 위해 분명하게 주의를 주거나, 확실하게 정서적 거리를 둡니다. 단호하게 선을 긋는 것은 스스로를 보호하는 가장 중요한 대처입니다.

개인의 경계가 침범될 때

사생활 침해나 무례한 언행은 당신의 존엄을 해칩니다. 상황이 일어나는 순간 명시하고 관계의 허용 범위를 정합니다. 개인의 경계를 지키는 것은 자신의 가치를 바로 세우는 일입니다.

자신의 권리를 지켜야 할 때

부당한 대우나 불공정한 상황이 반복되면, 당신의 권리는 계속해서 침해될 수 있습니다. 담대하게 입장을 밝히는 단호함은 자신의 권리를 지키는 합리적 결정입니다.

단호함을 가로막는 심리적 요인들

단호하게 말하는 것을 어려워하는 데는 몇 가지 심리적 이유가 있습니다.

갈등 회피

갈등 상황 자체가 주는 불편함을 견디기 힘든 경우, '미움받을까 봐', '관계가 깨질까 봐' 등의 이유로 해야 할 말을 삼킬 수 있습니다. 하지만 침묵으로 일관하면 문제는 더 커지고, 결국 관계는 무너질 수 있습니다.

착한 사람 콤플렉스

항상 좋은 사람으로 보이고 싶은 욕구가 클 때도 자신의 의견을 분명하게 주장하는 것을 불편해합니다. '나쁜 사람'으로 비치거나 이기적이라는 평가를 두려워하는 마음 때문에 '착한 이미지'에 갇혀 지낼 수 있습니다. 타인에게 호의적인 인상을 주고 싶을수록, 자신에게는 '비호의적'인 사람이 될 수 있습니다.

과도한 공감

상대방의 입장이나 감정을 너무 헤아리느라 자신의 감정을 돌보지 못할 때도 단호해지기 어렵습니다. 이를 '자비 피로Compassion Fatigue'라고 합니다. 다른 사람을 챙기는 행동이 지나쳐서 오는 정신적 소진을 말합니다. 이 경우 상대방에게는 관대하지만, 정작 자신의 감정에는 소홀해지는 상황이 반복됩니다.

낮은 자기 확신

평소 자신감이 부족하거나 자기 확신이 낮을 때 '상대방이 내 요구를 과하다고 느끼면 어떡하지?'라고 걱정하며 불편한 상황을 견뎌냅니다. 하지만 이러한 태도는 도리어 문제를 키우는 원인이 되기에, 자신을 지키는 명확한 의사 표현이 반드시 필요합니다.

이러한 상황을 극복하려면 단호함을 가로막는 반복적인 생각과 감정을 알아차리고, 자신을 돕는 실천적인 행동을 늘려나가야 합니다. 부당한 요구를 들었을 때는 "글쎄요….."처럼 모호하게 말하기보다 "죄송하지만, 그 부탁은 들어드리기 어렵습니다."처럼 간결하고 명확하게 거절합니다. 상대방이 당신의 의사를 무시하려 할 때는 침착하게 핵심 문장만 반복해서 전달하며 관계의 중심을 지킵니다.

관계 가치를 중심으로 단호해지기

내면의 복잡한 감정을 뛰어넘어 필요한 상황에서 단호함을 잘 유지하려면 평소 '관계 가치'를 정해놓으면 도움이 됩니다. 관계 가치란 인간관계에서 자신이 중요하게 여기는 관계 방향이나 태도를 말합니다. 예를 들어 존중하는 관계, 신뢰로운 관계, 배려하는 관계 등이 중심 가치가 될 수 있습니다.

자신만의 가치를 세워두면, 단호함이 필요한 상황에서 핵심 가치를 중심으로 행동을 선택할 수 있습니다. 이는 마치 나아갈 방향을 알려주는 '나침반'과 같습니다. 가치란 자신이 만드는 것이기에 자기 주체성이 커지고, 사회적 관계에서 태도를 결정하고 여러 갈등을 극복하는 데 필요한 지침이 됩니다.

💬 관계 가치 수립 및 실천법

1. 가치 명료화 질문하기

· 지금 이 상황이 나의 관계 가치에 맞는가?

· 관계 속에서 어떤 사람으로 살고 싶은가?

· 내가 생각하는 좋은 관계는 무엇인가?

2. 자신만의 관계 가치 수립하기

상호 존중 : 나는 관계에서 상호 존중이 가장 중요하다고 생각해.

개인의 경계 : 나는 나의 개인적인 시간과 공간이 존중받는 관계를 원해.

솔직함과 신뢰 : 나는 관계에서 솔직함과 진정성을 중요하게 여겨.

3. 가치에 일치되는 표현하기

상호 존중 : "저는 서로 존댓말을 쓰는 게 좀 더 사려깊게 말하고 행동할 수 있어서 좋더라고요."라며 차분하게 말합니다

개인의 경계 : "미안하지만, 이번 주말은 제가 계획한 일정이 있어서 어렵겠습니

다.”라고 분명하게 거절합니다.

솔직함과 신뢰 : “약속이 계속 바뀌면 맞추기가 어렵습니다. 다음에는 일정을 충분히 확인하신 후 말씀해 주시면 계획대로 잘 진행할 수 있을 것 같아요.”라고 솔직하게 의견을 제시합니다.

단호함은 상대방을 밀어내는 것이 아니라, 자신이 중요하게 여기는 가치를 지키며 관계를 유연하게 조율하기 위한 단정한 선택입니다. 관계 가치를 중심으로 흔들리고 위태로울 때마다 ‘나’를 부드럽게 일으켜 세우며 관계의 방향을 바로잡아보세요. 몇 번의 시행착오가 있겠지만, 중요한 건 그 과정에서 얻는 단단한 마음입니다. 단호할 땐 단호하게, 두려움이 앞서면 가치를 나침반 삼아 내 갈 길을 옮기세요.

———

자신이 원하는 관계를 머릿속에 그려보세요.
혹시 원치 않는 상황이 계속되나요?
바로 지금,
관계 가치를 실현해 보세요.

독이 되는 비교,
득이 되는 비교

우리는 무심코 자신이나 타인을 비교하는 말을 내뱉곤 합니다. "쟤는 저렇게 잘하는데 너는 왜 그러니?", "옆 팀은 벌써 끝냈다던데, 우리 팀은 아직도 이러고 있네." 이런 말들은 듣는 사람의 자존감을 깎아내리고 의욕을 꺾습니다. 어떤 사람들은 비교가 좋은 동기 부여라고 생각하거나, 상대를 자극하는 수단으로 여기지만 오히려 심리적인 불편함을 줍니다. 결국 '다 너 잘되라고 하는 소리'라고 말하지만, 듣는 사람에게는 비난에 그칠 뿐입니다.

잘못 사용된 비교는 관계를 망치는 독이 됩니다. 한 내담자는 어릴 때 부모님이 동생과 계속 비교하는 바람에 괜히 동생을 밉게 여겼고, 다른 내담자는 직장에서 상사의 반복된 비교에 열등감을 느껴 퇴사를 고민했습니다. 독이 되는 비교는 주로 상대방의 약점이나 부족한 점에 초점을 맞추고, 비난조의 언어를 사용하며, 이상적인 기준을 고집할 때 발생합니다.

이 말을 듣는 사람은 자신의 가치나 능력을 부정당하는 느낌을 받아 위축되고 열등감이 느낄 수 있습니다. 이를 '그림자 효과_{Shadow Effect}'라고 합니다. 타인의 빛나는 모습이 강조될 때 내면에는 어두운 그림자가 생겨 '나는 부족하다', '나는 못났다'는 부정적인 자기 인식이 커지는 심리적 현상을 말합니다. 결국에는 '아무리 노력해도 저 사람처럼 될 수 없을 거야'라는 생각에 무기력해지고, 체념하게 됩니다.

누군가에게 비교되는 상황이 반복되면, 그림자 효과는 더욱 짙어집니다. 상처뿐인 사람의 말에 갇혀 소진되기 전에, 따뜻한 시선으로 자신을 일으켜 세우는 노력이 필요합니다. 득이 없는 비교는 비교하는 사람의 역량이지, 내가 감당해야 할 무게가 아닙니다.

독이 되는 비교 : 함께 성장하는 대화법

비교가 '독'이 아닌 '득'이 되려면, 상대방의 장점을 살핀 후, 구체적인 행동 변화를 촉진하는 성장지향적 대화가 필요합니다. 이 대화법의 핵심은 우열을 가리기보다 '어떻게 하면 더 나아질 수 있을까?'에 초점을 맞추는 데 있습니다.

나쁜 예 : "A는 기한을 칼같이 지키는데, 왜 여태 기한을 못 지키나요?"

좋은 예 : "평소 창의적인 아이디어가 많은 장점이 있어요. 여기에 기한까지 잘 맞춘다면 남다른 결과물을 성공적으로 완성할 수 있을 거예요.

비교를 통해 긍정적인 동기를 부여하고 싶다면 문제 제기에 그쳐서는 안 됩니다. 해결을 위한 실질적인 방법이나 안내가 함께해야 방향을 찾고 자존감도 보호됩니다.

"이번 보고서 내용 정말 좋았어요. B팀에 비해 기한이 늦어져 아쉬웠지만, 다음번에는 신경써 봅시다. 시작할 때부터 모든 일정을 세분화해서 구체적인 목표를 정하고, 진행 상황을 의논하면 내가 중간중간 피드백을 주거나 필요한 부분을 지원하겠습니다."

이 대화법의 핵심은 비판이 아닌 '해결 중심의 대화'를 하는 데 있습니다. 상대방이 느낄 막연한 부담감을 '이렇게 하면 되겠구나' 하는 동기로 바꿔주는 것이죠. 이 과정을 통해 상대방은 무엇을, 어떻게 실행하면 좋을지 구체적으로 알게 되고, 상생의 관계가 북돋아집니다.

진정한 성장을 위한 과거와의 비교

우리는 다른 사람과 '나'를 비교하며 성장하기도 하지만 좌절도 합니다. 자신을 위한 좋은 비교는 타인이 아닌 과거의 자신과 현재의 모습을 비교해 보는 것입니다. 이 방식은 외부의 기준이 아닌 내부의 기준으로 자신의 변화를 관찰하고, 발전을 돕는 방향으로 보완해 나갈 수 있기에 자기 성장의 기초가 됩니다.

"이번 발표 준비 정말 열심히 한 것 같아. 지난 달보다 훨씬 조사도 꼼꼼했고 자료 분류도 잘했어. 이제, 지역별로 나눠서 영상까지 추가

하면, 발표에 필요한 준비를 잘 마칠 수 있을 거야."

이 대화 방식은 자신에게 '더 잘할 수 있다'는 믿음을 주고, 자기 객관화와 동기 부여까지 이끕니다. 이는 스스로의 변화를 격려하고 촉진하기에 '자기 효능감Self-Efficacy'이 증진됩니다. 만일, 과거의 자신보다 부족하다고 느껴진다면 낙심하지 말고 무엇부터 시작할지 하나씩 살펴봅니다. 성장은 자신을 도울 때 지속됩니다.

과거의 나를 통해 성장하는 법

과거의 자신과 현재를 비교하는 것은 막연한 생각에 그치기 쉽습니다. 다음의 방법을 활용하면 더 구체적이고 효과적으로 자신을 살필 수 있습니다. 이를 통해 과거와 현재의 '나'를 발견하고, 성장에 필요한 변화를 주체적으로 만들어나갑니다.

기록의 힘 활용하기

과거의 자신을 객관적으로 보기 위해서는 기록이 가장 중요합니다. 일기, 업무 일지, 스터디 노트 등 과거의 기록을 찾아보세요. "3개월 전에는 이 문제를 해결하는 데 3일이 걸렸는데, 이제는 하루 만에 끝내는구나.", "작년 이맘때는 이런 실수를 자주 했었는데 지금은 훨씬 노련해졌네."와 같이 구체적인 변화를 발견할 수 있습니다.

특정 기간을 정해 비교하기

'과거의 나'라고 하면 너무 막연하게 느껴질 수 있습니다. '작년 이 맘때의 나', '3년 전의 나', '프로젝트 시작 전의 나'와 같이 특정 시점을 정해 비교하면 성장의 폭이 더 명확하게 드러납니다. 예를 들어, "1년 전에는 거절을 못해 밤새우던 내가 이제는 정중히 거절하고 내 시간을 확보하네."처럼 일정 기간의 변화를 관찰합니다. 스스로가 얼마나 많은 노력을 해왔는지 시각적으로 깨닫게 됩니다.

구체적인 성장 지점을 찾아 자기 칭찬하기

"많이 좋아졌네."와 같은 추상적인 칭찬보다 "이번 회의 때 전보다 훨씬 논리적으로 말한 것 같아. 잘했어.", "부서 이동으로 힘들 줄 알았는데 전보다 감정 조절을 잘하네."와 같이 구체적으로 칭찬합니다. 이렇게 하면 스스로의 변화를 명확하게 인식할 수 있습니다.

이러한 방법으로 과거의 나와 현재의 나를 비교하면, 타인의 기준에 쫓기는 초조함에서 벗어나 삶의 주체성을 회복하게 될 것입니다. 나에게 필요한 자기 조력Self–Assistance을 적재적소에 실천하면, 비로소 비교의 묘미가 주는 성장의 즐거움을 온전히 누릴 수 있습니다.

자신과의 비교든 타인과의 비교든, 우리는 삶에서 비교를 완전히 피할 수 없습니다. 중요한 점은 그 비교가 어떤 결과를 낳는가에 있습니다. 자신의 과거를 통해 현재를 이끌고, 다른 사람을 깎아내리는 비교가 아닌 동기부여를 돕는 사람일 때, 삶은 넉넉해지고 관계는 비로소 풍요로워집니다.

———

상대방을 좌절시키는 비교가 아닌
재능을 펼치도록 돕는 말을 꺼내보세요.

하루가 모두 지나기 전에.

불편한 마음,
어떻게 표현해야 할까?

관계 속에서 우리는 서운함, 불안, 화, 실망감처럼 통제하기 힘든 감정들을 마주합니다. 이런 불편한 감정 때문에 상대를 회피하거나 관계를 끊기도 하며, 때로는 감정을 외면한 채 마음 깊이 눌러두기도 합니다.

그러나 감정을 억압하거나 피하면 일순간 편할 수는 있어도 사라지지는 않습니다. 출구를 찾지 못한 감정은 몸이라는 통로를 빌려 두통이나 소화불량 같은 '신체화 증상Somatic symptoms'으로 나타납니다. 몸의 고통은 '더 이상 견딜 수 없다'는 마음의 마지막 신호입니다. 이는 평소 감정을 억제하거나 표현을 삼키는 사람에게서 자주 나타납니다.

우리는 모두 건강하고 편안한 관계를 원하지만, 막상 관계가 불편해지면 그 감정을 어떻게 다루어야 할지 몰라 당황스럽습니다. 특히 가까운 관계일수록 '혹시 관계가 잘못되면 어떡하지?'라는 염려 때문에 솔직한 마음을 드러내기가 어렵습니다. 그러다 쌓인 감정이 어느 순간 폭발하면, 상대방은 "진작 말했으면 이해했을 텐데."라며 아쉬워하고 관계는 표현하지 못한 만큼 틈이 생깁니다.

왜 우리는 감정 표현을 어려워할까?

불편하지만 감정을 표현하지 못하는 데는 여러 가지 이유가 있습니다.

"괜히 말했다가 분위기만 나빠질 것 같아요."
"상대방이 상처받을까 봐 걱정돼요."
"내 감정이 오히려 문제인 것 같고, 비난받을까 봐 두려워요."
"내 감정을 말해봤자 아무 소용 없을 것 같아요."

우리는 갈등 없는 관계를 원하기에, 불편한 감정을 드러내는 일에 조심스러워집니다. 특히 어릴 때 감정을 표현했다가 수용받지 못한 경험이 있거나, 마음에 관한 이야기를 나누는 데 인색한 환경에서 자랐다면 자신의 감정을 파악하고 적절한 말로 표현하기는 더 어려울 수 있습니다.

그렇지만 감정은 우리 마음이 보내는 가장 진솔한 언어입니다. 마음 깊은 곳의 진심을 담고 있으며, 타인과의 소통을 잇는 중요한 대상이기 때문입니다. 이 언어를 숨기거나 외면할수록 자신을 이해하는 일이 점점 서툴러지고, 갈등 속에 숨겨진 마음을 살피기는 더 어려워집니다.

한 부부 상담에서 아내는 "나한테 신경 좀 써줘요."라고 서운함을 토로했지만, 정작 마음속으로는 '저는 혼자 있을 때 외로워요. 요즘 직장 일이 힘들어서 당신과 감정을 나누고 싶어요'라는 말을 하고 싶었다고 합니다. 진솔한 감정은 마음안에 머물고 겉도는 대화만 오가니 서로의 갈등이 깊어질 수밖에 없었죠. 가까운 사이일수록 상대가 내 마음을 '당연히' 읽어주리라 기대하기보다, 나의 감정을 언어로 진솔하게 표현해야 오해가 줄고 더 깊은 관계로 나아갈 수 있습니다.

관계를 해치지 않고 감정을 표현하는 법

불편한 감정을 솔직하게 표현하는 것은 상대를 비난하려는 것이 아니라, 자신이 느끼는 감정을 이해하기 쉽게 설명하는 과정입니다. 말하지 않는 감정은 상대에게 닿을 수 없기에, 막연히 기대하기보다 내 감정을 명확히 전달하는 노력이 필요합니다.

한 지인은 식사 내내 스마트폰만 보는 배우자에게 "나 지금 불편해!"라고 말했다가 다툼이 시작되었다고 합니다. 상대방은 "왜 그렇게 짜증을 내?"라며 오히려 화를 내더랍니다. 이렇게 표현했다면 어땠을까요? "나는 지금 혼자 밥 먹는 기분이 들어서 속상해. 지금은 내 얼굴 보면서 같이 이야기하면 좋겠어."라고 말이죠. 이처럼 자신의 감정을 솔직하게 풀어 표현하고 필요한 것을 요청하는 대화법을 '나 전달법_{I-Message}'이라고 합니다.

💬 '나 전달법' 4단계

'나 전달법'은 상대방에게 원인을 넘기는 '너(You)' 메시지 대신 '나(I)' 메시지를 사용하는 방법입니다. 상대방의 행동을 비난하거나 판단하지 않고 자신의 생각과 감정, 그리고 상대방의 행동이 미치는 영향을 사실 중심으로 표현하는 것이 핵심입니다.

· 1단계 : 상대방의 행동(객관적 사실)

갈등의 원인이 된 상대방의 행동을 비난이나 평가 없이 객관적으로 서술합니다.

"저녁 설거지를 하지 않았을 때….."

"어제 늦게 들어왔을 때….."

· 2단계 : 그 행동이 나에게 미치는 영향(구체적 서술)

상대방의 행동으로 인해 내가 겪는 구체적인 영향이나 결과를 이야기합니다.

"…나는 우리의 규칙이 깨지는 것 같았어."

"…나는 늦게까지 잠을 제대로 잘 수 없었어."

· 3단계 : 나의 감정(솔직한 표현)

그 영향으로 인해 내가 느끼는 감정을 솔직하게 표현합니다.

"…그래서 나는 답답함을 느꼈어."

"…그래서 나는 불안하고 초조했어."

· 4단계 : 바람이나 요청(추가)

앞으로 어떻게 해주었으면 좋겠는지 구체적으로 요청합니다.

"다음부터는 설거지를 바로 해주면 좋겠어. 부탁할게."

"앞으로는 늦게 들어올 때 미리 연락을 주면 좋겠어."

'나 전달법'은 처음에는 어색하게 느껴질 수 있지만, 꾸준히 연습하면 감정적으로 대응하지 않게 되어 관계 갈등을 줄이는 데 효과적입니다.

💬 감정의 강도 조절하기

감정을 참았다가 말하면 격앙된 상태로 표출되기 쉽습니다. 이때는 잠시 시간을 두고 감정을 고른 후 대화하는 것이 좋습니다. 감정 섞인 태도는 상대방을 방어적으로 만들어 대화가 원만하게 흘러가기 어려울 수 있습니다. 평소 할 말을 잘 못하고 감내하는 편이라면 일순간 감정이 커질 수 있으니, 사전에 전달하고 싶은 말을 차분히 정리한 뒤 대화에 임하도록 합니다.

이제, 감정 조절을 돕는 간단한 세 가지 방법을 소개합니다.

1. 잠시 멈추고 심호흡하기

감정이 강렬해질 때, 5분 정도 시간을 두고 천천히 심호흡을 해보세요. 숨을 깊이 들이마시고 내쉬는 과정에만 집중해도 감정의 파도를 차분히 가라앉힐 수 있습니다.

2. 물 한 잔 마시기

차가운 물을 천천히 마시면서 주의를 전환해 보세요. 의도적으로 주의를 잠시 옮기는 것만으로도 몸의 긴장을 푸는 데 도움이 됩니다. 이 작은 행동은 대화의 흐름을 잠시 멈추고 감정을 가라앉힐 시간을 만들어줍니다.

3. 장소 바꾸기

대화 중인 공간을 잠시 벗어나 환기를 시키는 것도 좋은 방법입니다. 다른 풍경을 보며 잠시 기분 전환을 하면 감정적 거리를 확보하고 객관적으로 상황을 바라볼 수 있습니다.

💬 대화의 목표를 명확히 하기

불편했던 마음을 꺼내는 이유는 상대를 비난하거나 관계를 끝내기 위해서가 아닙니다. 오히려 더욱 건강하고 발전적인 관계를 만들기 위함이라는 것을 대화 내내 놓치지 않도록 합니다. 대화를 시작할 때, "우리의 관계를 더 좋게 만들기 위해 내 감정을 솔직하게 이야기하고 싶어."와 같이 긍정적인 바람을 먼저 제시합니다. 이는 상대방의 불필요한 방어를 줄이고, 서로의 마음을 여는 데 큰 도움이 됩니다.

마음 터놓기 : 더 건강한 관계를 위한 시작

감정을 솔직하게 표현하는 것은 처음에는 어렵고 복잡하게 느껴질 수 있습니다. 하지만 참아왔던 이야기를 막상 꺼내놓으면, 상대방도 미처 몰랐던 당신의 감정을 이해하게 되고 자신의 행동을 돌아보는 전환점이 될 수 있습니다.

만약 불편했던 마음을 털어놓았을 때 상대방이 당신을 비난하거나 똑같은 행동을 반복한다면, 그 관계는 이미 건강하지 않은 상태일 가능성이 큽니다. 이럴 때는 과감히 심리적 거리를 두거나 관계의 균형을 다시 돌아볼 필요가 있습니다.

관계에서 가장 중요한 점은 '소통'입니다. 당신의 의사를 명확히 표현하고 상대방의 의견을 들으며 서로를 이해하고 조율해 나갈 때, 비로소 갈등을 바르게 해결하는 건강한 관계로 나아갈 수 있습니다.

———

마음에 품고 있는 이야기를 꺼내보세요.
두려움의 장벽을 내려놓고
담담하게, 진솔하게.

선택지는 당신 손안에 있다는 것을 잊지 마세요.

말,
매끄럽지 않아도 괜찮아

우리는 다른 사람 앞에서 생각이나 감정을 이야기해야 할 때, 마음과 달리 말문이 막히는 순간들이 있습니다. 말을 잘하고 싶은 마음이 클수록 머릿속은 오히려 하얘지고, 중요한 내용조차 제대로 전달하지 못해 아쉬움을 느끼곤 합니다. 대화가 끝난 후에도 "아까 말이 매끄럽지 않았어.", "좀 더 유창하게 말했어야 했는데."라며 부끄러워하거나 자책하며 안타까워합니다.

'매끄러운 말솜씨'에 대한 강박에 사로잡히면, 정작 전달하려는 내용보다는 말하는 형식에 더 신경 쓰게 됩니다. 말하다가 잠시 뜸을 들이거나 말을 바로잡는 상황이 생기면, 이를 자연스럽게 받아들이지 못하고 쉽게 위축되거나 긴장하는 악순환에 놓입니다.

특히 '사회 불안social anxiety'이 높은 사람들은 더 큰 두려움을 느끼곤 합니다. 다른 사람이 자신의 말과 행동을 부정적으로 평가한다고 여기기에 '말을 잘 못하면 사람들이 나를 바보처럼 볼 거야'라는 생각에 사로잡혀 과도한 긴장을 느끼고, 그 긴장감은 오히려 말을 더듬거나 실수를 유발하는 원인이 됩니다.

유창함에 대한 강박, 그 이면의 심리

'유창하게 말해야 한다'는 강박은 단순히 말솜씨에 대한 걱정을 넘어 여러 심리적 요인과 연결되어 있습니다.

후광 효과_{Halo Effect}

말을 유창하게 하는 사람이 능력 있고 자신감 있어 보인다고 생각하는 것은 후광 효과의 전형적인 예입니다. 이 때문에 반대로, 자신이 말을 더듬거나 대화에서 소극적인 행동을 할 때 '능력이 부족하거나 자신감이 없어 보이면 어떡하지?'라는 불안에 빠지기도 합니다.

이러한 함정에서 벗어나려면 누군가의 말솜씨가 아닌 내용 자체에 집중하려는 노력을 기울입니다. 스스로에게 '이 사람이 말을 잘해서 설득력 있게 들리는 건가, 아니면 내용 자체가 훌륭한 건가?'라고 객관적으로 질문하며, 형식보다는 내용에 충실한 말을 갖추도록 신경을 씁니다.

정서 기억_{Emotional Memor}

말하기에 대한 두려움은 과거의 부정적 경험에서 비롯되는 경우가 많습니다. 뇌의 편도체_{amygdala}가 담당하는 정서 기억에는 과거의 공포나 슬픔 같은 강렬한 감정이 오래도록 선명하게 저장됩니다.

어린 시절 발표에서 실수했던 경험이 정서 기억으로 남아 있다면,

성인이 되어 비슷한 상황에 처했을 때 심장이 두근거리거나 얼굴이 붉어지는 등 신체적 불안 반응이 먼저 나타날 수 있습니다. 뇌가 과거의 실패를 떠올리며 위험 신호를 보내기 때문에 말을 더듬거나 말문이 막히는 상황이 일어나는 것입니다. 이를 극복하려면 과거의 경험을 인정하고, 새로운 도전을 통해 이전과는 다른 긍정적인 경험을 만들어나가는 노력이 필요합니다.

선택적 주의 Selective Attention

말 잘하는 사람들에게 유독 눈길이 가고 자신과 비교하며 위축되는 현상을 말합니다. '저 사람은 저렇게 말을 잘하는데, 나는 왜 이렇게 못할까?' 같은 비교는 결국 자신의 부족한 점에만 집중하게 만들어, 자신감을 잃게 되는 결과를 낳습니다.

이를 극복하려면 말 잘하는 사람을 볼 때 '저 사람은 타고났구나'라고 생각하기보다 '저 사람은 어떤 노력을 했을까?'라고 관점을 바꿔봅니다. 그들이 가진 장점(자신감 있는 표정, 명확한 발음, 논리적인 설명)을 배우려는 태도로 그 모습을 익혀 나가면 변화된 모습을 만나게 될 것입니다.

전하려는 마음이면 충분하다

유창함이라는 겉모습에 말하기의 초점을 두면, 정작 중요한 소통의 가치가 낮아집니다. 관계 속에서 의미 있는 교감은 유려한 겉모습에 있는 것이 아니라 그 안에 담긴 내용과 진심 어린 마음에 있습니다.

말솜씨가 조금 서툴더라도, 진솔하게 마음을 담아 전하면 듣는 사람에겐 그것으로 이미 충분한 대화가 됩니다. 완벽한 말하기를 지향하기보다 자신을 조금 느슨하게 두면서 자연스럽게 보여주세요. 우리는 유창함보다 어렵게 말을 꺼내더라도 진심이 담긴 말에서 더 큰 진정성을 느낍니다.

말의 힘은 완벽한 기술이 아닌, 서로의 마음을 나누는 그 연결성에 있습니다. 긴장하며 머뭇거려도 괜찮습니다. 내가 정말 하고 싶은 이야기, 내 마음과 생각이 담백하게 실려 있다면 그 대화는 어떤 유창함보다 더 깊이 기억될 것입니다.

편안한 말하기를 위한 세 가지 연습

일상에서 편안하게 말하고 느긋한 소통을 하기 위한 구체적인 방법을 소개합니다.

1. "완벽하지 않아도 괜찮아."라고 스스로에게 말해주기

말하기 전에 "조금 서툴러도 괜찮아. 중요한 건 내 마음과 내용을 전하는 거야."라고 자신을 안심시켜 보세요. 편안한 마음을 이끄는 자기 대화는 완벽해야 한다는 부담감을 내려놓는 데 큰 도움이 됩니다.

2. 말하기 전에 핵심 내용을 정리하기

가장 중요하게 전달하고 싶은 내용을 한두 가지 핵심 단어나 문장으로 준비해 두면, 말하는 동안 긴장을 줄이고 필요한 내용을 보다 효과적으로 전할 수 있습니다.

3. 잠시 멈추거나 단어를 찾는 것을 두려워하지 않기

긴장되는 마음을 솔직하게 드러내보세요. 예를 들어, "지금 제가 좀 긴장했네요. 다시 한 번 이야기해 볼게요."와 같이 말해봅니다. 자신의 상태를 솔직하게 표현하는 모습은 대화에서 매력을 더하고, 여유롭게 대처하는 모습을 남깁니다.

매끄럽게 말해야 한다는 강박 때문에 소통의 기회를 놓치지 마세요. 이제는 '오늘 대화에서 어떤 실수를 했지?'에 초점을 두기보다 '오늘 이런 대화 좋았어.', '다음엔 이렇게 더 해봐야지.'라고 되새기며 대화의 즐거움을 늘려나가 봅니다. 대화의 진정한 가치는 어떤 마음으로 함께하는가에 달려 있습니다.

———

어떤 모습으로 비칠지 살피는 일을 멈추세요.
있는 그대로의 표현이 될 자유를 누리세요.

당신의 진솔한 모습에
사람들은 매력을 느낄 거예요.

지나친 겸손,
과연 미덕일까?

누군가 당신을 칭찬할 때 어떻게 반응하시나요? 우리는 어릴 때부터 '겸손은 미덕'이라 배워왔고, 자신을 낮추는 태도가 좋은 인상을 준다고 여깁니다. 물론 겸허한 자세는 좋지만, 칭찬을 받을 때만큼은 지나친 겸손 대신 기쁘게 받아들이는 모습이 훨씬 보기 좋습니다. 칭찬에 너무 겸손한 태도를 보이면, 칭찬한 사람이 민망해지거나 좋은 의도가 퇴색되는 듯한 기분을 느낄 수 있습니다.

한 후배는 남다른 노력으로 칭찬을 받을 때마다 "아니에요. 다들 이 정도는 하는데요."라며 자신을 낮췄습니다. 겸손에서 비롯된 말인 줄은 알지만 좋은 결실을 확실히 인정할 때 자기 효능감을 높일 수 있기에, 칭찬을 긍정적으로 받아들이는 연습을 제안했습니다. 얼마 후, 후배는 칭찬을 들을 때마다 "요즘 노력 중인데 알아봐주셔서 감사합니다!", "꼼꼼하게 신경 썼는데 칭찬해 주시니 힘이 납니다!"라는 말로 화답하며 적극적으로 자신의 노력과 재능을 받아들였습니다. 또한 누군가로부터 받은 칭찬을 모두 기록하며, 자신의 장점으로 발전시켰고, 결국 자신감을 소중한 자산으로 만들었습니다.

칭찬에 계속 자신을 낮추는 태도는 상대방에게 소극적인 사람이라는 인상을 줄 수 있습니다. 겸손을 미덕으로 여기며 표현을 덜기보다 확실하게 인정하는 긍정적인 태도를 보입니다. 만약 중요한 프로젝트를 성공적으로 이끈 동료가 "아니에요, 그냥 운이 좋았을 뿐이에요."라고만 답한다면 어떨까요? 처음에는 겸손하다고 생각하겠지만, 이런 모습이 반복되면 자기 인정이 부족한 사람으로 보일 수 있습니다. 그보다 "칭찬해 주시니 기쁩니다." 또는 "여러 번 검토했는데 좋은 결과를 얻어서 뿌듯합니다."라고 당당하게 말한다면 상대방은 '칭찬하길 참 잘했네'라고 느끼며 앞으로 더 기쁜 칭찬을 건네게 될 것입니다.

칭찬을 받아들여야 하는 이유

자신을 너무 숨기면 주변 사람들은 당신의 매력이나 재능을 온전히 알아채기 어렵습니다. 칭찬을 거듭 부정하는 행동은 자칫 상대방에게 '자신감이 부족한 사람'이라는 오해를 살 수 있고, 이는 관계를 어색하게 만드는 원인이 됩니다. 특히 직장에서는 자신의 능력과 기여도를 제대로 알리지 못해 소중한 기회를 놓치는 안타까운 결과를 낳기도 합니다.

한 내담자는 프로젝트를 성공적으로 마친 뒤, 상사에게 칭찬을 받자 "제가 한 게 뭐 있나요, 다 팀원들 덕분이죠."라며 극구 겸손했습니다. 이후 중요한 해외 프로젝트의 리더를 뽑는 자리에서 상사는 그녀의 이름을 떠올리지 못했고, "그분은 자신감이 좀 부족해 보여서…." 라는 말을 전해 듣고서야 지나친 겸손이 오히려 자신의 기회를 막을 수 있음을 깨달았다고 합니다.

한편 칭찬에 익숙하지 않은 사람들은 칭찬을 받으면 '이게 진심일까?', '그냥 하는 말이겠지'라고 생각하며 상대방의 '좋은 성격 탓'으로 돌리는 경향이 있습니다. 이러한 심리를 '귀인 편향attribution bias'이라고 합니다. 귀인 편향이 반복되면 좋은 일은 '운'으로, 나쁜 일은 '내 탓'으로 여기는 역기능적인 사고 패턴이 고착됩니다. 따라서 누군가로부터 칭찬을 들었을 때에는 이를 자신의 능력으로 온전히 받아들이며, 재능을 펼칠 기회를 더욱 넓게 열어봅니다.

칭찬을 내 것으로 만드는 방법

칭찬은 자신의 좋은 면이나 장점을 찾는 데 큰 도움이 됩니다. 다른 사람에게 자주 듣는 칭찬이나 긍정적인 피드백이 있다면, '앞으로 이 좋은 모습을 어떻게 더 드러낼 수 있을까?'를 생각하며 자신만의 강점으로 발전시켜 나갑니다.

💬 실천을 위한 세 가지 연습

1. 가족이나 주변 사람들에게 물어보고 기록하기

"요즘 내 장점을 찾아보려고 하는데, 내 장점이 뭐라고 생각해?"와 같이 자연스럽게 질문을 던져보세요. 이때 들은 칭찬을 그대로 받아 적는 것이 중요합니다.

'긍정적인 태도가 보기 좋아', '같이 있으면 편안해', '어떤 일을 할 때 끝까지 마무리를 잘하는 것 같아'와 같이 구체적인 내용을 빠짐없이 기록하세요. 이렇게 기록된 내용들은 자신을 더 깊이 이해하고, 자신감을 키우는 데 큰 도움이 됩니다.

2. 과거에 자주 들었던 칭찬 목록 만들기

학창 시절부터 직장 생활까지, 기억의 저편에 있는 칭찬들을 떠올려보세요. '웃는 모습이 참 밝다', '손재주가 좋다' 등 사소하게 느껴지는 것이라도 놓치지 않는 것이 핵심입니다. 이렇게 발견한 칭찬들을 다시 한 번 살펴보며, 반복적으로 듣는 칭찬이 무엇인지 찾아보세요. 이제부터 당신이 더욱 키워야 할 대표 강점Signature Strength 입니다.

3. 스스로에게 칭찬하며 기록하기

오늘 하루 내가 잘한 일, 혹은 긍정적인 태도를 보였던 순간을 찾아봅니다. '포기하지 않았어', '먼저 밝게 인사했어'와 같이 자신의 좋은 면을 칭찬 노트에 기록하며 스스로를 격려해 주세요. 스스로를 칭찬하는 습관은 자존감을 높이고, 긍정적인 자기 인식을 형성하는 가장 빠른 길입니다.

혹시 그동안 칭찬에 익숙하지 않으셨다면, 이제 누군가 당신을 칭찬할 때 "아닙니다."라고 겸손해하기보다 기쁜 마음으로 "고맙습니다."라고 말해보세요. 나아가 "좋게 봐주셔서 감사합니다! 더 노력하겠습니다."라고 덧붙여보세요. 또한 다른 사람의 좋은 점을 찾아 칭찬하며 '칭찬의 미덕'을 실천해 보세요.

당신이 잘하는 것을 드러내 보세요.
어떤 칭찬이든,
내 능력을 발휘할 기회로 삼으세요.

자신감, 적극성, 뿌듯함이 분명 커질 거예요.

변명이
습관이 되지 않게

누구나 살면서 실수를 합니다. 하지만 그 실수를 대하는 태도는 사람마다 다릅니다. 어떤 사람은 실수를 인정하고 반성하며 성장하는 반면, 어떤 사람은 끊임없이 변명하며 자신을 방어합니다. 변명이 습관이 되는 가장 큰 이유는 불안감과 자기방어 심리 때문입니다. 자신의 실수나 부족함을 인정하기 힘든 마음이 '자기 합리화rationalization'라는 방어 기제를 통해 발현되는 것이죠. 자기 합리화란 자신이 받아들이기 힘든 행동이나 감정에 대해 그럴듯한 이유를 만들어내 정당화하는 것을 뜻합니다.

우리는 누구나 자신이 유능하고 가치 있는 사람으로 보이길 원합니다. 하지만 어떤 실수나 실패를 경험하면 감정적인 동요가 일어나고, 자기상이 흔들리게 되죠. 이때 자기 합리화는 눈앞에 놓인 현실에서 오는 불안과 죄책감을 줄여 자존감을 지키게 하는 심리적 방패역할을 합니다. 시험을 망쳤을 때 '이번 시험은 너무 어려웠어', '공부할 시간이 부족했어'라고 변명하며 상황을 인정하지 못한 채 이유대기를 통해 심리적 보호를 합니다. 이는 '내가 부족해서가 아니라 외부 요인 때문이야'이라고 생각함으로써 자존감에 상처 입는 것을 막아주죠. 하지만 자기 합리화에 지나치게 빠지면, 자신의 진짜 개선점을 직시하지 못해 발전할 기회를 놓치게 됩니다. 일시적으로는 마음의 위안을 얻을 수 있지만 장기적으로는 성장을 가로막고, 인간관계에서는 책임감이 낮거나 회피하는 사람으로 인식될 수 있습니다.

한 내담자는 상황을 모면하려 하는 변명이 습관이 되자 도움을 요청했습니다. 그는 마감 기한을 넘기는 일이 잦았고, 그때마다 "어제 야근하느라 밤을 새워서요.", "거래처에서 자료를 늦게 줘서 어쩔 수 없었어요."와 같은 변명을 했다고 합니다. 점차 동료들은 그에게 중요한 업무를 맡기지 않게 되었고, 팀 내에서 '핑계가 많은 사람'이라는 인식을 얻게 되었습니다. 이처럼 변명이 습관이 되면 부정적인 평가를 피할 수 없으며, 이는 결국 자신의 신뢰를 무너뜨리는 부메랑이 되어 돌아옵니다.

변명이 습관이 되는 사람들의 특징

자신의 실수를 인정하지 않고 변명으로 책임을 회피하는 사람들에게서 흔히 나타나는 심리적 특징은 다음과 같습니다.

'~때문에'라는 표현의 빈번한 사용

자신의 결정이나 행동이 아닌, 외부적인 요인(다른 사람, 환경, 운) 때문에 일이 잘못되었다고 주장합니다. 가령, '회의에 늦은 건 길이 막혔기 때문'이라고 말하면서 자신이 늦게 출발했다는 사실은 외면합니다.

자신의 실수에 둔감하게 반응

자신의 잘못은 과소평가하고 타인의 실수는 과대평가합니다. 이들은 다른 사람의 약점을 찾아내 지적하는 데 능숙합니다. 이는 자신의 부족함을 들키고 싶지 않은 방어 기제이며, 비난의 화살을 타인에게 돌려 자신 내면의 불안을 피하려는 심리에서 비롯됩니다.

약속이나 책임에 무관심

어떤 일에 대해 책임지겠다는 약속을 쉽게 하지만, 실제로는 그 약속을 지키기 위한 노력이나 계획이 부족한 경우가 많습니다. 일이 잘못되었을 때도 심각성을 느끼지 못하고, 대수롭지 않게 여기는 경향이 있습니다.

변명 습관을 고치는 3단계 방법

변명 대신 자신의 실수를 인정하고 반성하는 과정은 개인의 성장을 위한 필수적인 단계입니다. 변명은 '성장'이라는 문을 굳게 닫아버리는 것과 같습니다. 변명하는 습관을 고치기 위한 구체적인 방법은 다음과 같습니다.

1단계 : 변명 대신 솔직함 선택하기

실수를 했을 때, 일단 "제가 잘못했습니다."라고 솔직하게 인정하는 것부터 시작합니다. 이는 책임을 미루는 것이 아니라 용기를 내어 상황을 직면하는 행동입니다. 자신의 잘못을 인정하는 순간, 마음의 짐을 덜고 해결에 집중할 수 있는 힘이 생깁니다.

2단계 : 실수의 원인을 설명하되 변명하지 않기

"길이 막혀서 늦었어요."라고 말하기보다 "제가 출발 시간을 착오해서 늦었습니다."라고 솔직하게 말합니다. 변명은 외부 요인 탓으로 돌리는 반면, 설명은 자신의 결정과 행동을 명확히 밝히는 것입니다. 이는 상대방에게 당신이 상황을 정확하게 인지하고 있다는 신뢰를 줍니다.

3단계 : 해결책에 집중하고, 성장의 기회로 삼기

변명으로 상황을 피하는 대신 '다음에는 어떻게 하면 좋을지' 고민하고 구체적인 계획을 세웁니다. "다음부터는 좀 더 일찍 출발하겠습니다. 늦는 경우 사전에 말씀드리겠습니다."와 같이 앞으로의 행동 계획을 명확히 밝히는 것이 중요합니다.

상황별로 살펴보는 책임감 있게 말하는 법

말은 실수를 인정하는 것에서 나아가, 앞으로의 행동에 대한 의지가 포함되어야 합니다. 다음은 다양한 상황에서 변명 대신 책임감 있는 모습을 보여줄 수 있는 표현들입니다.

실수했을 때

"제가 실수했습니다. 죄송합니다. 다음부터는 이런 일이 없도록 더욱 신경 쓰겠습니다."

"제 불찰입니다. 문제를 해결하기 위해 어떻게 해야 할지 말씀해 주시면 바로 조치하겠습니다."

약속을 못 지켰을 때

"약속을 지키지 못해 정말 죄송합니다. 변명의 여지가 없습니다. 다음부터는 시간을 더 철저하게 관리하겠습니다."

"제가 계획을 잘못 세웠습니다. 죄송하지만, 00일까지는 꼭 완료하겠습니다."

상대방의 감정을 상하게 했을 때

"제가 신중하지 못해 상처를 드린 것 같습니다. 죄송합니다. 앞으로 말과 행동에 더 신경 쓰겠습니다."

"그때 제가 했던 말이 경솔했습니다. 깊이 반성하며 앞으로는 보다 신중하게 말하도록 주의하겠습니다."

변명은 당장의 위기를 모면하게 해주지만, 신뢰를 잃는 가장 빠른 길입니다. 반면, 자신의 실수를 인정하고 바로잡으려는 태도는 당장은 불편할지라도 신뢰를 쌓는 가장 확실한 방법입니다. 말이 아닌 행

동으로 증명하는 책임감이야말로 가장 분명한 변화 의지이자 문제를
바로 잡는 건강한 대처입니다.

52

———

당신이 해결해야 할 문제가 있다면
마치 친구를 반기듯 그 문제를 반겨보세요.
실수는 약점이 아닌
성장이란 문을 여는 열쇠가 됩니다.

Why? 말고
Why Not 사고로

인간관계에서 흔히 쓰는 "왜why?"라는 질문은 때때로 상대방을 탓하거나 비난하는 것처럼 들릴 수 있습니다. "왜 그렇게 했어?"라는 말은 당신의 행동이 잘못되었다는 부정적인 평가로 이어지기 쉽고, 대화를 방어적으로 만듭니다. 반면 "왜 안 돼?why not?"라는 사고방식은 기존의 관습이나 한계를 넘어서는 유연한 사고를 발전시키며, 관계를 긍정적으로 이끄는 중요한 역할을 합니다.

최근 소셜미디어의 대표적인 부작용인 '에코체임버Echo Chamber 현상'은 이러한 편향된 사고를 더욱 강화합니다. 에코체임버는 사용자가 자신과 비슷한 의견을 가진 사람들과만 소통하며 발생하는 현상입니다. 밀폐된 공간에서 소리가 계속해서 울려 퍼지듯이 동일한 의견만 접하다 보면, '내 생각이 곧 진리'라는 확신이 강해지고 특정 신념이 증폭됩니다. 이로 인해 자신과 다른 의견을 가진 사람을 만나면, 그 사람의 주장을 이해하려 하기보다는 '왜 저렇게 생각하지?' 혹은 '저 사람의 생각이 틀렸다'고 쉽게 단정 짓게 됩니다. 다양한 관점을 받아들이기 어려워지면서 자기중심적 사고가 관계 전반에 확장되며, 결국 자신의 생각과 다른 의견을 수용하지 못하게 됩니다.

Why Not 사고가 중요한 이유

인간관계에서 겪는 대부분의 어려움은 자신만의 고정된 틀에서 비롯됩니다. 자신의 관점과 규칙이 견고할수록, 타인의 생각은 어느새 틀린 생각이 되어버립니다. 오랜 고정관념을 깨뜨리는 질문이 바로 'Why Not 사고'입니다. '왜 다른 방식은 불가능하다고 생각하지?'라고 스스로에게 물어보는 이 생각법은 단순히 새로운 아이디어를 창조하는 것을 넘어, '관계의 틀Frame'을 바꾸는 힘이 됩니다.

그럼에도 우리가 'Why Not 사고'를 어려워하는 가장 큰 이유는 익숙함과 안정성을 유지하려는 심리 때문입니다. 익숙한 방식은 안정 감을 주고 생각을 간편하게 하는 데 유용할 수 있지만, 익숙지 않은 것에 대한 불편함을 가중시킵니다. 또한 사회적 압력이나 과거의 실패 경험이 다양한 관점을 닫아버리기도 합니다. 이 경우, '나만 엉뚱한 생각을 하는 것은 아닐까?'라는 걱정 때문에 자신의 생각을 솔직하게 표현하지 못하고 위축된 태도를 보이기 쉽습니다.

저 또한 분석적인 사고 경향으로 인해, 항상 '왜 저 사람은 저렇게 생각하고 행동할까?'라는 날카로운 평가를 품고 살았습니다. 탐구나 전문적인 일에서는 유용할지 몰라도, 이 사고방식이 인간관계로 확장되자 큰 스트레스가 되었습니다. 오래전 이 습관을 당장 고쳐야겠다고 마음먹고 다른 사람의 생각이나 의견에 대해 '저렇게 생각할 수도 있구나!'라고 사고를 전환하기 시작했습니다. 그랬더니 다양한 관점을 수용하게 되고, 생각이 넓어지면서 관계가 편해졌습니다.

가까운 한 지인은 깐깐하고 어려운 사람이라는 피드백을 자주 들었습니다. 그녀는 수용적이고 유연한 사람이 되고 싶다며 도움을 청했는데요. 대화 중 습관적으로 "도대체 왜 그렇게 생각하지?"라는 말이 튀어나올 때마다 제게 정지 신호를 달라고 부탁했습니다. 이를 심리학에서 'STOP 기법'이라고 합니다. 자동적으로 일어나는 습관적인 생각을 통제하여 원치 않는 사고의 흐름에서 빠져나오도록 돕는 방법입니다. 이제 그녀는 신호를 받으면 얼른 "맞아, 그렇게 생각할 수도 있지.", "누구나 다양한 관점이 있는 거야!"라고 말합니다. 최근 그녀는 주변 사람으로부터 '열린 사람'이라는 말을 듣기 시작했습니다. 대화 습관이 비판에서 공감으로 나아간 것입니다. 이처럼 작은 사고의 전환은 관계 자체를 건강하게 만드는 큰 변화를 불러옵니다.

사고 전환을 위한 실천법

'왜?'라는 질문이 우리를 자책과 비난에 가두는 덫이라면, '왜 안돼?'라는 질문은 고정관념을 깨고 새로운 새로운 생각의 문을 열어줍니다. 다음은 'Why Not 사고'를 위한 구체적인 실천법입니다.

비난 대신 질문으로 전환하기

상대방의 행동이 이해되지 않을 때, "왜 그렇게 했어?"라고 묻기보다 "그렇게 생각하게 된 배경이 있을까?", "그렇게 결정한 이유가 궁금해.”와 같이 호기심을 갖고 질문해 보세요.

부정적인 문장을 긍정적인 문장으로 바꾸기

“그건 불가능해.” 대신 “어떻게 하면 가능할까?”라고 말하세요. “이건 안 돼.”라는 말을 “이 방법은 어떨까?”라는 제안으로 바꾸면 대화 내용은 훨씬 생산적으로 바뀝니다.

“한 번 해보자!”는 말로 용기 주기

상대방이 어떤 아이디어나 제안을 낼 때, “한 번 해보자!”라고 말하며 힘을 실어주세요. 생각을 존중하며 믿음을 주면 상대방은 더 크게 나아갈 수 있습니다.

나 자신에게 질문하기

타인의 행동이나 생각이 이해되지 않을 때, ‘왜 저럴까?’ 대신 ‘그 사람의 상황에선 어떤 마음을 느낄까?’, ‘내가 모르는 어떤 이유가 있을까?’와 같이 자신에게 여러 질문을 던져보세요. 이 연습은 상대의 입장과 상황에 대한 이해를 넓혀줍니다.

습관적인 생각에 의문을 던지기

매일 가는 출근길, 항상 먹던 음식 등 사소한 습관에 대해 스스로에게 ‘다른 방법은 없을까?’라고 질문해 보세요. 이는 일상 속에 닫혀버린 사고의 다양성을 여는 연습이 됩니다.

"왜 저렇게 말하는지 이해가 안 돼."라는 말을 자주 하시나요? 이 말은 상대방의 말과 행동을 오직 자신의 관점에서만 해석하고 있다는 신호일 수 있습니다. 나와 다른 생각과 감정을 이해하려는 노력은 불편한 서로의 장벽을 허물고, 관계의 중심에 소통의 즐거움을 채울 것입니다.

섣부른 판단 전에, 잠시 멈추고 스스로에게 이렇게 말해보세요. "생각을 바꿔!"라고 말이죠. 좋은 관계란 열린 사고에서 시작됩니다.

———

누군가의 관점이나 생각이
당신을 통과하도록 내버려두세요.

상대방의 관점을 이해하려 노력하면
한결 상황이 편안해집니다.

거울 뉴런에 비친
내 모습

우리는 흔히 소통을 말로 한다고 생각하지만, 의미 있는 대화는 말 너머에 있습니다. 짧은 대화라도 비언어적인 표현이 잘 담기면 내용은 깊어집니다.

바로 여기에 비언어적 소통의 힘이 숨어 있습니다. 눈빛, 표정, 자세, 몸짓, 목소리 톤, 심지어 침묵까지 대화의 90퍼센트 이상이 비언어적 요소로 이루어진다는 연구 결과가 있습니다. 이를 '메라비언의 법칙Meharabian's Rule'이라고 하는데, 말의 의미는 얼굴 표정과 목소리 톤에 따라 그 전달력이 크게 달라진다는 개념입니다. 이는 마케팅, 협상, 설득 등에서 비언어적 단서의 필요성을 강조하는 근거로 자주 인용됩니다. 예를 들어, 똑같은 '미안해'라는 말도 표정에 따라 '진심'이 되기도 하고 '조롱'이 되기도 합니다. 비언어적 메시지가 결정적 변수가 되는 것입니다. 특히 처음 만나는 사람과의 대화에서는 비언어적 메시지가 상대방의 호감이나 성향을 파악하는 중요한 단서가 됩니다. 흔히, 고개를 끄덕이는 미소에서 '수용적인 사람'이라고 느끼고, 인상을 찌푸리는 모습에서 '예민한 사람'일 거라고 추측하는 것과 같습니다.

이렇게 짧은 시간에 포착한 비언어적 정보는 '초두 효과^{Primacy Effect}'라는 흥미로운 심리적 현상을 일으킵니다. '초두 효과'란 처음 접한 정보가 나중에 들어오는 정보보다 기억에 더 강하게 남아 상대방에 대한 인상에 결정적인 영향을 미치는 현상을 말합니다. 흔히 말하는 '첫인상'이 바로 이 초두 효과와 깊이 관련되어 있으며, 첫인상은 비언어적 표현에 크게 좌우됩니다. 그런데 문제는 자신의 비언어적 메시지를 인식하는 일이 쉽지 않다는 점입니다. 습관이 되면 자동적으로 나타나기에 의도와 다른 오해와 갈등을 불러오기 쉽습니다.

저도 어린 시절부터 몸에 밴 비언어적 메시지가 있었습니다. 상대방의 이야기를 들을 때 어느새 인상을 쓰는 습관이었는데요. 무뚝뚝해 보인다는 오해를 사거나, 자칫 대화 분위기를 무겁게 만들기도 했습니다. 그래서 학창 시절부터 의식적으로 부드러운 미소를 짓는 연습을 했습니다. 점점 표정이 좋아지고 제 감정도 잘 전달되면서 "너랑 말하면 마음이 편해.", "이야기 잘 들어줘서 고마워."라는 긍정적인 피드백을 듣게 되었습니다.

만일 그때의 저를 그대로 내버려두었다면, 그 비언어적인 행동은 지문처럼 굳어져 상대방에게 불편을 주는 습관이 되었을 것입니다.

관계의 온도를 전하는 비언어적 메시지

비언어적 메시지는 상대방에게 다양한 감정을 불러일으키는 중요한 원인이 됩니다. 아무리 말의 내용이 좋아도 찡그린 표정이나 무표정한 얼굴은 경계심을 만들고, 시선을 피하면 상대를 피하는 것 같아 오해를 불러일으킵니다. 별다른 언어적 소통이 없어도 이미 당신은 '나는 이런 사람입니다'라는 자신에 관한 정보를 주는 셈이죠.

한 내담자는 소개팅 경험을 털어놓으며 속상해했습니다. 자신은 대화도 잘 통하고 분위기도 좋았다고 느꼈지만 상대방의 생각은 달랐습니다. 소개해 준 분에게 그 이유를 묻자 놀라운 답변이 돌아왔습니다. "혹시 팔짱을 끼고 말했어? 대답할 때 인상을 찌푸리기도 하고?" 상대방은 그녀의 비언어적 행동에서 호감이 느껴지지 않았고, 긴장감을 느껴 더 이상의 만남을 원치 않았다는 것입니다. 그녀는 "인상을 쓰며 말한다는 말을 자주 들었어요. 습관이라 잘 안 고쳐져요."라고 고백했습니다. 자신은 진심을 다했지만, 이미 자연스러워진 비언어적 행동이 전혀 다른 의미로 해석되어 관계의 시작이 닫혀버린 안타까운 사례입니다.

반대로 비언어적 메시지가 관계에 긍정적인 영향을 준 사례입니다. 한 내담자는 상사와의 면담을 앞두고 긴장했지만, 상사는 온화한 표정으로 그녀와 눈을 마주쳤고, 고개를 끄덕이며 이야기를 경청했습니다. 내담자는 그 순간 긴장이 자연스럽게 놓아지면서 준비한 말을 잘 했다고 합니다. 이처럼 비언어적인 메시지는 직접적인 언어보다 더 분명하게 관계의 온도를 정합니다.

거울 뉴런 속 당신의 이미지

거울 뉴런은 우리가 타인의 행동과 감정을 '내 것처럼' 느끼고 이해하게 돕는 중요한 신경세포입니다. 상대방의 표정, 자세, 태도를 통해 감정 상태를 빠르게 읽어내는 것도 거울 뉴런의 작용 때문인데요. 상대방이 팔짱을 끼고 있으면 평가받는 느낌이 들고, 몸을 앞으로 기울이면 '대화에 관심이 있구나'라고 생각하게 되는 것입니다. 즉, 내가 찡그리면 상대방의 거울 뉴런도 찡그리게 되는 것이죠. 이처럼 거울 뉴런은 상대방의 반응을 그대로 투영하는 핵심적인 역할을 합니다. 이는 나의 비언어적 메시지가 상대방의 거울 뉴런에 내가 어떤 사람인지를 가늠하게 하는 결정적인 단서가 됨을 의미합니다.

거울 뉴런의 원리를 활용하면 비언어적인 메시지를 조금만 달리 해도 더 깊은 친밀감을 형성할 수 있습니다. 다음은 관계를 가깝게 만드는 비언어적 메시지 활용법입니다.

상대방의 몸짓과 표정 따라 하기(미러링)

상대방이 고개를 끄덕이거나, 편안하게 기대앉거나, 부드럽게 미소 지을 때, 가볍게 그 행동을 따라 해보세요. 거울 뉴런은 이러한 미러링을 통해 상대와 공명하며, 심리적 유대감과 친밀감을 형성하게 됩니다.

긍정적인 신호 보내기

밝은 표정, 부드러운 목소리 톤, 적절한 눈 맞춤은 상대방에게 호

의와 관심을 전달하는 가장 강력한 비언어적 메시지입니다. 이때 상
대방의 말에 고개를 끄덕이거나, 함께 웃거나, 손짓을 섞어 적극적으
로 대화에 참여해 봅니다.

열린 자세 취하기

팔짱을 끼거나 몸을 뒤로 젖히는 행동은 부정적인 인상을 줍니다.
대신 몸을 상대방 쪽으로 살짝 기울이거나, 손바닥이 보이게 제스처
를 취하는 등 개방적인 자세를 유지해 보세요. 이는 상대방에게 '나
는 당신의 이야기에 열려있습니다'라는 메시지가 되어 대화를 더욱
원활하게 만듭니다.

4단계 비언어적 습관 개선법

비언어적 메시지를 의식적으로 개선하는 과정은 자신의 태도를
닦아 더 나은 관계를 맺기 위한 중요한 첫걸음입니다. 다음 4단계 방
법을 통해 긍정적인 변화를 만들어보세요.

1단계 : 거울 또는 영상으로 나를 확인하기

가장 첫 번째 단계는 바로 '자기 객관화'입니다. 스마트폰 카메라
를 활용해 대화하는 모습을 짧게 녹화해 보거나, 거울을 보며 혼자
이야기하는 연습을 해보세요. 긴장하거나 불편할 때 어떤 표정, 몸짓,
시선 처리를 하는지 집중해서 관찰하면, 내가 의도하지 않았던 무표
정이나 딱딱한 자세를 발견할 수 있습니다.

2단계 : 가까운 사람에게 솔직한 피드백 구하기

믿을 만한 친구나 가족에게 "내가 대화할 때 어떤 습관이 있어? 혹시 불편하거나 오해할 만한 행동이 있었는지 솔직하게 말해줄 수 있을까?"라고 능동적으로 물어보세요. "긴장하면 말이 빨라져.", "눈을 잘 안 마주쳐."와 같은 구체적인 피드백은 나를 돌아보는 가장 정직한 거울이 됩니다.

3단계 : 감정 기록으로 원인 파악하기

비언어적 습관은 내면과 깊이 연결되어 있습니다. '비언어적 습관 일지'를 만들어 행동–감정 간의 연결고리를 포착해 보세요. 예를 들어, '회의 때 팔짱을 꼈다. 그때 불편함을 느꼈다'라고 기록하는 식입니다. 이렇게 연결고리를 이해하면 원인을 다스려 습관을 개선할 수 있습니다.

4단계 : 긍정적인 메시지를 반복적으로 연습하기

새로운 습관을 내 것으로 만드는 유일한 방법은 반복입니다. 변화 행동을 세밀하게 교정하고 연습할수록 변화는 빠릅니다. '눈 3초 마주치기', '고개를 끄덕이며 경청하기'처럼 구체적으로 연습해 보세요. 처음에는 어색하더라도 일상의 습관이 되면 대화의 매력은 그만큼 커질 것입니다.

대화는 서로의 비언어적 신호를 주고받으며 감정과 의도를 공유하는 섬세한 교감입니다. 당신의 거울 뉴런이 타인의 비언어적 메시지를 끊임없이 비추고 반응하듯, 당신의 메시지 또한 상대방의 뇌에 그대로 반영되어 인상을 만듭니다.

이제 자신의 비언어적 신호가 만들어내는 교감을 이해하고 의식적으로 조절하여, 소통을 더욱 풍성하게 만들어보세요. 거울 뉴런에 비친 당신의 관계 태도가, 곧 당신이 원하는 관계의 중심이 됩니다.

———

입가에 반짝이는 미소도,
눈가에 잠기는 다정함도 다 내가 만들 수 있어요.
오늘,
공명의 순간을 마음껏 열어보세요.

약점을 강점으로 만드는 말

우리는 누구나 성격의 약점을 가지고 있지만, 많은 사람이 이 약점을 단점이라 여기며 스스로를 깎아내리곤 합니다. 하지만 약점은 고쳐야 할 '문제'가 아니라, 타고난 기질이나 성향에서 비롯된 '약한 부분'입니다. 내향적인 성격은 약점일 수 있지만, 이것이 결코 단점이 아닙니다. 오히려 깊은 사고력이나 사려 깊은 경청 능력이란 강점으로 이어질 수 있기 때문입니다.

'단점'은 약점을 부정적으로 바라볼 때 나타나는 결과입니다. 내향적인 성격을 단점이라 여기고 이를 숨기려 들면, 사람들과의 관계에서 위축되고 소통을 피하게 됩니다. 이처럼 스스로 단점이라고 여기는 순간, 약점은 자신을 얽매는 오랜 고통이 됩니다. 약점을 감추기 위해 자신과는 다른 모습으로 행동하면 부자연스러워지고 단점으로 여겨 감춘 면이 조금이라도 드러나면 당혹스럽고 불안해집니다. 이러한 모습은 자신감을 깎아먹고, 오히려 편안한 소통에 방해가 됩니다.

어릴 적 저는 무척 내성적이어서 누가 말을 걸면 눈을 마주치지 못하고, 목소리는 기어들어가곤 했습니다. 초등학교 5학년 때였을까요. 담임 선생님께서 저를 부르시더니 "목소리가 작아도 괜찮아. 넌 발음이 정확하고, 말할 때 설명을 잘한단다. 그러니 좀 더 자신감을 가지렴."이라는 따뜻한 응원을 해주셨습니다. 늘 내성적인 아이라는 말만 듣다가 처음으로 성격의 좋은 면을 짚어주시니 정말 기뻤습니다. 그날 이후 친구들에게 말할 때면, 먼저 "내가 목소리가 좀 작아. 잘 안 들린다고 말해주면 더 크게 말해볼게."라고 제안하며 대화를 시작했습니다. 약점을 감추기보다 드러내니 더 이상 단점으로 보이지 않았고, 대화에도 적극적으로 참여할 수 있게 되었습니다.

약점을 드러낼 때 생기는 긍정적인 변화

자신의 약점을 솔직하게 인정하고 드러내는 것은 매우 용기 있는 일입니다. 그리고 이 용기는 자신에게도, 관계에서도 긍정적 변화를 가져옵니다.

수용적 자신감

자신의 약점을 솔직하게 인정하고 드러내는 것은 자신을 온전히 수용했다는 증거이기에 오히려 자신감이 높아지고 긍정적인 인상을 줍니다.

매력과 친밀감 증가

자신의 약점을 있는 그대로 말하는 사람은 인간적이고 매력적으로 보입니다. 이는 상대방에게 '솔직한 사람'이라는 신뢰감을 주어 친밀한 관계를 맺는 데 큰 도움이 됩니다.

긍정적인 인상

자신의 약점을 솔직하게 인정하는 사람은 '자기 객관화' 능력이 뛰어나며, 그 당당함 속에 자신감 있는 사람이라는 인상을 줍니다. 이러한 태도는 상대방에게 매력으로 비춰져 좋은 인상을 남깁니다.

약점을 숨기는 것은 우리를 더 약하게 만들 뿐입니다. 자신 안의 여러 면모를 있는 그대로 드러낼 때, 오히려 관계 속에서 자유로워지고 그 약점은 장점이 됩니다.

약점을 강점으로 바꾸는 말

자신의 약점을 숨기지 않고 드러낼 때 의외의 매력이 빛을 발합니다. "저는 낯을 좀 가리는 편이라 처음엔 좀 어색해할 수 있어요." 라고 먼저 말하면, 상대방은 그 솔직함에 친밀감을 느끼고 더 편하게 다가옵니다. 이는 자신의 모습을 인정하고 존중한다는 인상을 주어 오히려 자신감 있는 사람으로 보이게 합니다.

진정 자신감 있는 사람은 완벽함을 뽐내는 사람이 아니라, 자신의 불완전함을 기꺼이 드러내는 사람입니다. 약점은 더 입체적이고 매력적인 사람으로 만들어줄 또 다른 나의 모습입니다. 평가는 내가 나를 어떻게 보여주는가, 즉 정보를 제시하는 틀에 따라 판단이 달라지는 '프레이밍 효과Framing Effect'에 의해 결정됩니다. 약점을 감추어야 할 오점이 아닌 하나의 '특성'으로 새롭게 정의하고 당당하게 말해보세요. 상대방은 당신이 제시한 그 긍정의 틀 안에서 당신만의 진정한 가치를 발견하게 될 것입니다. 자신을 수용하는 태도는 약점을 강점으로 바꾸는 가장 강력한 도구가 됩니다.

약점을 드러내는 단계별 훈련법

1단계 : 약점 목록 만들기

먼저, 자신이 '단점'이라고 여기는 약점들을 솔직하게 종이에 적어 보세요. '낯을 많이 가린다', '거절을 잘 못한다', '결정하는 데 오래 걸린다'처럼 구체적으로 적는 것이 중요합니다. 이 과정은 자신의 다양한 면을 직면하는 첫걸음입니다.

2단계 : 특성으로 재정의하기

작성한 약점을 부정적인 단점이 아닌 나의 고유한 특성으로 새롭게 재정의해 보세요. '낯을 가린다'는 '신중하게 관계를 시작하는'으로, '거절을 못한다'는 '배려와 공감 능력이 뛰어난 사람'으로 바꿉니다.

3단계 : 약점을 먼저 언급하기

일상생활에서 자신의 약점을 먼저 언급하는 연습을 해보세요. 새로운 사람을 만났을 때 "제가 좀 낯을 가려서요, 처음엔 조용하더라도 편안하게 대화해 주시면 좋겠습니다."라고 솔직하게 말해봅니다.

이렇게 자신의 약점을 먼저 드러내면 상대방의 평가는 배려로 바뀌고, 스스로도 불안이 줄어들어 관계의 이점이 커집니다.

4단계 : 긍정적인 프레이밍으로 마무리하기

약점을 언급할 때, 그와 연결된 긍정적인 면을 함께 제시하세요. "제가 결정하는 데 시간이 좀 걸리지만, 그만큼 신중하게 고려하는 이점이 있습니다."라고 말해봅니다. 이렇게 자신의 여러 면을 알리며 대화를 마무리하면 상대방은 당신의 약점을 단점이 아닌 성격의 다양성으로 인식하게 됩니다.

내 안에는 다양한 여러 모습이 있습니다. 무엇을 어떻게 꺼내놓는가에 따라 그 순간 관계의 맥락이 달라집니다. 완전함에 신경을 쓰기보다 온전한 나로서 상대방을 맞이할 때, 관계는 균형이 생기고 내면은 조화롭게 성장합니다.

오늘, 당신이 만나는 사람들에게
"난, 이런 면이 있어요."라고 말해보세요.

괜찮지 않은 상황을
괜찮게 만들어줄 수 있는 사람은
바로, 당신입니다.

아무리 봐도
안 괜찮아 보여

우리는 살아가면서 수많은 사람들과 소통합니다. 때로는 사소한 실수나 오해로 미안함을 전하고, 어떤 부탁을 할 때도 상대방에게 짐을 지우는 것 같아 "죄송합니다."라고 먼저 말하기도 합니다. 대부분은 미안해하는 상대의 마음을 헤아려 "괜찮습니다. 크게 신경 쓰지 않으셔도 됩니다."라고 말하며 부담을 덜어주곤 합니다. 이처럼 '미안하다'는 말은 본래의 의미를 넘어, 관계의 마찰을 줄이기 위한 완충재 역할을 합니다.

저도 최근에 어떤 작업을 하다가 해결점을 찾지 못해 전문가에게 도움을 요청한 적이 있습니다. 평소 바쁜 일과를 알기에 미안함을 안고 어렵게 부탁을 했습니다. 그런데 그는 이내 웃으며 "너무 유념치 마세요. 괜찮습니다."라고 답해주었습니다. 결과물을 보낼 때도 "언제든 편히 말씀해 주세요."라는 메시지를 잊지 않았습니다. 상대방을 향한 그 정중한 배려에 깊은 감사의 마음이 오래도록 남았습니다.

누군가가 미안해할 때 건네는 '괜찮아요'라는 말은 상대방의 마음을 안심시키는 고마운 표현이지만, 그 이면에 숨겨진 '이중 메시지_{Double Message}'로 인해 오히려 마음이 석연치 않고 미안함이 커지는 경우가 있습니다. 말로는 '괜찮다'고 해도 표정이나 태도가 편치 않아 보이는 상황이 대표적입니다. 말과 태도가 다른 이중 메시지는 듣는 사람에게 혼란을 주고 진심을 가늠하기 어렵게 만듭니다.

말과 태도가 다를 때 생기는 오해

말과 태도 사이의 모순은 뇌에 '인지 부조화_{Cognitive Dissonance}'를 일으켜 무엇을 믿어야 할지 판단하기 어렵게 만듭니다. '말은 괜찮다고 하는데, 진짜 괜찮은 건가?'라는 의구심을 품게 되고, 대화 자체가 불편해집니다. 이러한 일이 반복되면, 상대방의 진짜 의도를 파악하기 위해 눈치를 보게 되고, 사과를 받는 사람도 마음의 찌꺼기가 남아 서로에게 전혀 득이 되지 않습니다. 결국 '말과 행동이 다른 사람'이라는 인식은 관계에 대한 기대를 근본적으로 무너뜨립니다.

한 내담자는 급하게 처리할 일이 생겨 동료에게 도움을 요청했습니다. 동료는 "아, 네, 괜찮아요. 제가 도와드릴 수 있어요."라고 말했지만, 미간을 찌푸리며 표정이 썩 내켜 하지 않았다고 합니다. 내담자는 도움을 받을 수 있어 기뻐했지만, 상대방의 불편해 보이는 표정에서 이내 부담감을 느꼈습니다. '내가 괜한 부탁을 해서 귀찮게 한 건 아닐까?', '정말 괜찮아서 도와주는 걸까?' 하는 걱정이 들었고, 이후에는 그 동료에게 가벼운 요청도 주저하게 되었다고 합니다. 말과 태도가 다르면 메시지의 불일치로 오해가 생기고, 도움을 주면서도 사회적 배려의 효과는 반감되는 효과가 일어납니다. 시간과 노력을 들여 도와주고도 정작 관계의 점수는 깎여나가는 '소통의 적자' 상태가 초래되는 것입니다.

💬 대표적인 이중 메시지의 예시

"괜찮아요. 신경 쓰지 마세요." (말은 괜찮다고 하지만 한숨을 쉬며 인상을 찌푸린다.)
"괜찮아요, 제가 할게요." (말은 돕겠다지만 말투가 퉁명스럽다.)
"화 안 났어." (말은 부정하지만, 굳게 다문 입술과 경직된 태도를 보인다.)

말과 태도가 일치하는 것, 즉 '일관성congruence'은 관계에서 매우 중요한 요소입니다. 일관된 메시지는 상대방에게 당신이 솔직하고 믿을 수 있는 사람이라는 인상을 줍니다. 또한 솔직한 감정 표현은 상대방의 오해를 줄이고, 갈등 상황도 대화로 해결할 수 있다는 기대를 심어줍니다.

얼마 전, 말과 태도의 일관성이 아쉬운 상황을 보았습니다. 커피 매장에서 직원이 앞 손님에게 음료를 잘못 전달하는 실수를 했습니다. 직원은 즉시 정중히 사과했지만, "괜찮아요!"라고 답하는 손님의 억양에는 불쾌함이 역력했습니다. 직원은 고객의 마음을 풀기 위해 거듭 사과했고, 결국 스스로 '큰 실수를 했다'며 자책하는 말이 나와서야 상황이 진정되었습니다. 말로는 괜찮다고 했지만, 태도로는 '안 괜찮다'라는 메시지를 전하니 이해한다는 말의 의미가 빛을 잃고 퇴색해 버린 것입니다.

'정말 괜찮아요' 생활 속 실천법

말과 태도가 일치하는 소통은 건강한 관계의 기본입니다. 다음은 이를 위한 단계별 실천법입니다.

1단계 : 자신의 생각과 감정을 객관적으로 살피기

평소 불편한 상황에서 느끼는 솔직한 감정이 무엇인지 알아차려 보세요. '내 감정은 정확히 무엇인가?', '어떤 생각 때문에 이렇게 불편한가?'와 같이 내면의 역동을 면밀히 살펴보는 것이 중요합니다.

2단계 : 자동적 사고의 영향 이해하기

말과 태도의 불일치는 순간적으로 스쳐가는 '자동적 사고automatic thoughts'의 영향을 받습니다. 말로는 괜찮다면서도 머릿속으로 '왜 일을 이렇게 하지?', '실수하면 안 되는 거 아닌가?'와 같이 상대의 실수를 비난하고 있다면, 자동적 사고에 묶여버립니다. 평소 자신의 자동적 사고가 무엇인지 찾아서 기록하며 하나씩 바꿔보세요. 항상 살펴야 할 대상은 외부에 있는 것이 아니라 바로 '나의 생각'임을 유념하며, 습관이 된 생각을 알아차리도록 노력합니다. 나의 오랜 생각의 습관이 타인에게 닿는 '온도'를 결정합니다.

3단계 : 비언어적 표현 의식적으로 점검하기

자신의 표정, 목소리 톤, 자세가 실제 말과 일치하는지 살펴보세요. 거울을 보며 연습하거나, 가까운 이에게 피드백을 구하는 것도 좋습니다. 말과 비언어가 조화를 이룰 때 비로소 진정성 있는 소통이 됩니다.

마음이 담긴 소통은 말과 태도가 하나 될 때 시작됩니다. 따뜻한 음성과 눈빛이 '괜찮다'는 말에 실릴 때, 상대는 비로소 안심하고 존중받는다는 느낌을 받습니다. 결국 우리는 말에 깃든 진심 어린 태도 속에서 진짜 위로와 용기를 얻습니다.

—

"괜찮아, 정말 괜찮아."
남을 배려하는 따뜻한 마음을 실천해 보세요.

오늘 당신이,
누군가 미소 짓게 되는 이유가 되어보세요.

화가 났을 땐,
타임아웃

"야, 너 지금 나한테 말 다했어?!"
"내가 어제 그렇게 말하지 말랬지!"

분노는 대개 낮은 자존감, 열등감, 혹은 피해 의식에서 비롯되는 경우가 많습니다. '내가 인정받지 못했다', '내가 무시당했다'는 왜곡된 생각은 사소한 일에도 분노라는 방어 기제를 작동시킵니다. 특히, '분노는 참으면 안 된다'라는 잘못된 보상 심리에 빠질수록 습관적으로 분노를 표출하게 됩니다. 자신이 원하는 대로 되지 않는 상황에서 분노를 통해 일시적인 통제감을 얻으려 할수록, 역설적으로 우리 내면은 아주 작은 불편조차 견디지 못하는 나약한 상태가 되고 맙니다.

분노는 쏟아낼수록 오히려 뇌는 그 자극에 중독되어 '습관적 표출'이라는 미성숙한 행동을 반복하게 됩니다. 우리 뇌의 '편도체amyg-dala'는 분노와 공포 같은 감정을 즉각적으로 처리하는 기능을 합니다. 분노 조절이 어려운 이들은 이 편도체가 과도하게 활성화되는 반면,

이를 통제할 전두엽 기능은 약해진 경우가 많습니다. 이로 인해 사소한 자극에도 이성적 판단이 마비되고 감정적인 폭발이 먼저 일어납니다.

가장 큰 문제는 타인에게 미치는 영향을 신경 쓰지 않은 채 자기중심적으로 감정을 표출하는 태도에 있습니다. 잦은 분노 표출은 '강한 사람'이 아니라 '자제력이 없는 사람'이라는 인상을 남길 뿐입니다. 특히 분노에 압도된 상태에서는 상대의 말을 왜곡해서 해석하거나 전체 맥락을 파악하지 못해, 결국 부정적인 감정만 짊어지게 됩니다. 이는 모든 관계에서 자신의 가치를 스스로 떨어뜨리는 결정적 요인이 됩니다.

화가 날 때 'DEARMAN' 기술로 표현하기

화는 누구에게나 자연스러운 감정이지만, 감정에 휩쓸리지 않고 현명하게 대처하는 지혜가 필요합니다. 'DEARMAN 기술'은 변증법적 행동치료(DBT)의 핵심으로, 감정을 효과적으로 표현하면서도 원하는 바를 명확하게 전달해 관계를 지켜내는 실용적인 대화법입니다.

D(Describe, 묘사하기)

상대방의 행동이나 상황을 객관적이고 구체적으로 묘사하는 단계입니다. 비난이나 판단 없이 사실만을 이야기합니다.

예시 : "어제 약속 시간보다 한 시간 늦게 도착하셔서 밖에서 기다려야 했습니다."

E(Express, 표현하기)

상대방의 행동 때문에 당신이 느낀 감정을 '나'를 주어로 솔직하게 표현하는 단계입니다. "나는 ~하게 느꼈어."라고 말하며 자신의 감정을 전달합니다.

예시 : "그때 제가 배려받지 못한다고 느껴져서 속상했고, 혹시 무슨 일이 생긴 건 아닌지 걱정도 되었습니다."

A(Assert, 요구하기)

상대방에게 원하는 바를 명확하고 구체적으로 요청하는 단계입니다. 요청 사항은 현실적인 것이어야 합니다.

예시 : "앞으로는 시간을 지켜주시거나, 늦을 경우 미리 연락을 주시면 좋겠습니다."

R(Reinforce, 강화하기)

상대방이 요구를 수용했을 때 얻을 수 있는 긍정적 결과를 언급하는 단계입니다. 상대방의 행동 변화가 어떤 도움이 되는지 설명합니다.

예시 : "그렇게 해주시면 제가 훨씬 안심하고, 서로 더 신뢰할 수 있는 관계를 유지할 수 있을 거예요."

M(Mindful, 집중하기)

대화 중에는 전달하려는 핵심 메시지에만 집중하는 단계입니다. 상대방이 주제를 벗어나도 다시 주제로 돌아옵니다.

예시 : "지금은 제가 요청드린 이 부분에 관해 먼저 이야기하고 싶습니다."

A(Appear Confident, 자신감 보이기)

말하는 동안 안정적인 태도를 유지하여 상대방에게 신뢰감을 주는 단계입니다.

예시 : "우리의 관계(또는 상황) 개선에 이 대화가 큰 도움이 되리라 봅니다."

N(Negotiate, 협상하기)

상대방에게 대안을 제시하거나 타협점을 찾는 단계입니다. 절충점을 찾아 서로에게 합리적인 대안을 모색합니다.

예시 : "제가 요청한 방식이 어렵다면, 혹시 생각하신 다른 대안이 있으신가요?"

DEARMAN 기술은 갈등 상황에서 감정에 휩쓸리지 않고, 효율적으로 자신의 의견을 전달하는 방법입니다. 이는 부족했던 소통의 기술을 채우고, 관계를 건강하게 유지하는 데 큰 도움이 됩니다.

화를 다루는 훈련법

화가 치밀어 오를 때 즉각적으로 사용할 수 있는 대처법입니다.

정지 신호 보내기

화가 나는 순간, 머릿속으로 '잠깐!' 또는 'STOP!'이라고 외치며 행동을 멈추세요. 감정의 강도를 줄이는 나만의 정지 신호가 됩니다.

심호흡하기

코로 4초간 숨을 깊게 들이마시고, 6초간 입으로 천천히 내쉬는 복식 호흡을 반복하세요. 이는 과열된 신체를 진정시키고 이성적인 사고를 되찾는 데 도움이 됩니다.

장소 피하기

화의 원인이 되는 장소나 상황에서 잠시 벗어나세요. 잠시 자리를 뜨는 것만으로도 감정의 파도를 진정시킬 수 있습니다.

상대방의 분노에 현명하게 대응하는 법

상대방의 화에 똑같이 맞서면 갈등은 더 커집니다. 다음 방법으로 대응해 보세요.

감정 인정해 주기

상대방의 '감정'을 먼저 인정합니다. "지금 많이 화나신 것 같네요. 충분히 그 감정 이해합니다."라고 말하며 감정을 읽어주는 것만으로도 상대방은 조금 더 진정될 수 있습니다.

단호하게 대화 중단하기

욕설이나 비난 등 감정적 폭력이 시작되면 즉시 대화를 중단하고 자리를 피합니다. "지금은 서로 감정이 격해진 것 같으니, 잠시 후에 다시 이야기하면 어떨까요?" 혹은 "대화가 어려울 것 같습니다. 진정되시면 다시 이야기해요."라고 말하며 단호하게 경계를 세우도록 합니다.

차분하고 단호하게 말하기

상대방의 흥분된 감정에 휩쓸리지 않고, 차분하고 침착한 목소리로 단호하게 대응합니다. 감정적으로 대치하는 것은 상대방의 분노를 더 자극할 뿐입니다. 차분한 톤을 일관되게 유지하며 심리적 통제를 유지합니다.

화를 조절하기 위한 4주 훈련법

이 훈련법은 화의 원인을 이해하고, 자신을 객관적으로 바라보며, 감정 조절 습관을 만드는 데 도움이 됩니다.

1주 차 : 나의 화 탐색하기

'분노 일지'를 작성합니다. 화가 났을 때의 상황, 감정, 생각, 그리고 분노의 강도(1~10점)를 매일 기록합니다. 어떤 상황에서 유독 화가 많이 나는지 알면 미리 효과적인 대응책을 마련할 수 있습니다.

2주 차 : 멈춤과 호흡 연습하기

화가 날 때는 멈추고 심호흡을 하며 머릿속으로 '진정', '이완'이라고 말합니다. 걷거나 물 마시기 등 잠시 자리를 피하는 연습을 병행하세요. 이는 진정을 돕고 대처 방법을 실행할 틈을 줍니다.

3주 차 : '나 전달법' 훈련하기

일상 대화에서 '나 전달법'을 사용합니다. "네가 이렇게 해서 내가 화가 나." 대신 "나는 이렇게 생각해서 지금 기분이 상했어."와 같이 자신의 감정을 주체적으로 표현하세요. 감정을 표출하는 대신 대화를 통한 소통의 가치를 얻을 수 있습니다.

4주 차 : 인내심 챌린지

일상생활에서 흔히 겪는 상황(대중교통 지연, 실수 등)에 직면했을 때, 화내는 대신 웃어넘기거나 수용하는 연습을 합니다. 매주 한두 가지 상황을 미리 정해두고 이를 능동적으로 받아들여 보세요. 이는 감내 능력을 키우고 분노보다 평온을 선택하는 습관을 만듭니다.

분노는 상황을 통제하기 위한 채찍이 아니라, 견딜 힘이 없음을 강하게 표출하는 약함의 증거입니다. 누구나 '화'를 느낄 수 있지만, 모두가 공격적으로 표현하는 것은 아닙니다. 화를 조절하지 못하면 기분 의존적인 행동이 잦아질 수 있습니다. 화가 나는 것은 자연스러운 일이지만, '화난 사람'으로 계속 남을지는 스스로 선택할 수 있습니다.

당신 앞에 있는 사람은

품위 있는 대우를 받을 권리가 있습니다.

오늘, 화를 선택하기보다는

애정을 표현할 방법을 찾아보세요.

대화형 나르시시스트의 특징

대화는 단순한 정보 교환을 넘어 두 사람 사이의 섬세한 상호작용입니다. 하지만 가끔 대화의 역동이 한쪽으로 기울어 일방적인 독백으로 흐르곤 합니다. 상대방의 이야기는 무시한 채 자신의 말만 쏟아내는 사람을 만나면, 우리는 소통의 즐거움 대신 정신적인 소진을 겪게 됩니다. 결국 이러한 대화는 상대방에게 '내 이야기는 할 틈도 없네'라는 생각과 함께 공허함과 소외감을 남깁니다.

일방적인 대화에서 듣는 역할을 맡는 것은 매우 지치고 무기력한 경험입니다. 만나는 시간 동안 '또 나만 들어야 하는 자리'라는 수동적인 위치에 놓이게 되니, 대화의 끝에는 이젠 피하고픈 마음이 듭니다. 이처럼 대화를 독점하는 행위는 듣는 이로 하여금 존중받지 못한다는 느낌을 갖게 합니다.

얼마 전, 한 내담자는 친구 관계에 대한 고민을 털어놓았습니다. 친구가 항상 자기 이야기만 한다는 겁니다. 어쩌다 본인 이야기를 꺼내면 친구는 "응, 그래." 하고 대충 넘어가거나 안부조차 묻지 않았다고 합니다. 오랜 친구인데도 대화에서 감정적으로 소모되는 시간이 많다면서 이젠 거리를 두고 싶다고 합니다. 대화의 불균형은 가까운 관계일수록 쉽게 일어납니다. 제때에 살피지 못하면 그 관계는 서서히 기울어 빗장이 잠길 수 있습니다.

자기 이야기만 하는 사람들의 특징

대화는 서로를 알아가는 과정입니다. 한쪽만 계속 이야기하면 마주한 상대방은 자신의 이야기를 꺼내놓을 공간을 찾지 못하게 됩니다. 그렇다면 대화의 주도권을 놓치지 않으려는 사람에게는 어떤 욕구가 숨겨져 있을까요.

인정에 대한 욕구

대화를 통해 상대방의 관심과 인정을 갈구합니다. 자신의 경험을 이야기함으로써 "내가 이런 사람이야.", "나는 이런 일을 해냈어."라는 것을 증명하려고 하며 상대방의 반응을 통해 자신의 존재 가치를 확인하려 합니다.

통제 욕구

대화를 통제함으로써 심리적인 안정감을 얻으려 합니다. 대화의 주도권을 쥐고 있을 때 자신이 우위에 있다고 느끼며, 예측 불가능한 상황에 대한 불안감을 해소합니다.

낮은 자존감

겉으로 보기에는 자신감이 넘쳐 보이지만, 실은 내면의 낮은 자존감을 감추기 위한 방어 기제인 경우가 많습니다. 이들은 타인의 관심을 끊임없이 받음으로써 자신의 가치를 확인하려 합니다.

공감 능력 부족

타인의 감정을 이해하고 공감하는 능력이 부족하여, 상대방의 이야기에 어떻게 반응해야 할지 모르는 경우가 많습니다. 이때 가장 익숙하고 편안한 자신의 경험을 이야기하는 방식을 택하게 됩니다.

자기중심적 사고

모든 것을 자신을 중심으로 해석하고 생각하는 습관이 있습니다. 상대방의 이야기를 듣기보다 자신의 말이 주목받기를 원합니다. 어떤 주제도 '나와 관련된 것'으로 연결될 때 의미가 있다고 여깁니다.

이러한 일방적인 소통 방식을 '대화형 나르시시즘Conversational Narcissism'이라고 부르며, 이러한 대화 패턴을 지닌 사람들을 '대화형 나르시시스트Conversational Narcissists'라고 합니다. 이는 사회학자 찰스 더버가 처음 사용한 용어로, 타인과의 대화에서 끊임없이 자신을 중심으로 두는 경향을 의미합니다.

대화형 나르시시스트, 그들의 대화법

대화형 나르시시스트는 대화에서 다음과 같은 구체적인 패턴을
보입니다.

주제 전환

상대방의 어떤 이야기를 빌미 삼아 자신의 이야기로 능숙하게
전환합니다.

상대방 : "어제 친구들이랑 새로 생긴 카페 가봤는데 분위기가 정말 좋더라."

나르시시스트 : "아, 카페? 나도 요즘 괜찮은 카페 찾고 있었는데. 얼마 전에 내가
갔던 카페는 진짜 최고였어. 인테리어도 끝내주고, 커피 맛도 예술이더라." (상대
방의 경험이 아닌 자신의 경험으로 바로 전환)

자신과의 연결

상대방의 이야기에서 아주 작은 부분이라도 자신과 연결될 만한
지점을 찾아내 자신의 이야기로 확장합니다.

상대방 : "요즘 운동을 시작했는데 생각보다 힘들긴 해도 몸이 가벼워지는 느낌이
라 좋아."

나르시시스트 : "운동? 나도 운동 진짜 열심히 하거든. 최근에 PT를 받기 시작했
는데, 트레이너가 나보고 운동 신경이 진짜 좋대. 확실히 운동은 꾸준히 하는 게
중요한 것 같아. 내가 얼마 전에 헬스장에서 있었던 일 말이야…"

경쟁적인 비교

상대방의 경험이나 성과를 자신의 것과 비교하여 자신이 더 우월
함을 강조합니다.

상대방 : "이번에 프로젝트 발표 성공적으로 마쳐서 뿌듯해."

나르시시스트 : "오, 그래? 나는 지난번에 더 큰 프로젝트를 혼자서 다 했는데, 그
때 반응이 정말 좋았어. 사람들에게 인정도 받고 칭찬도 받고 조만간 좋은 일이
있을 것 같아."

형식적 공감 후 자기 이야기

형식적인 공감을 표현한 후 바로 자신의 이야기로 넘어갑니다.

상대방 : "요즘 일이 너무 많아서 스트레스가 이만저만이 아니야."

나르시시스트 : "아, 정말 힘들겠구나. 나도 예전에 진짜 스트레스 많이 받았던 적
이 있는데, 그때는 잠도 못 자고 밥도 못 먹었어. 그런데 내가 그걸 어떻게 극복했
냐면…."

조언이나 해결책 강요

상대방의 감정을 헤아리기보다는 자신의 방식대로 문제해결을 강
요하거나 자신이 아는 것을 과시하려 합니다.

상대방 : "요즘 아이가 학교에서 좀 힘들어하는 것 같아서 걱정이야."

나르시시스트 : "그건 말이야, 내가 볼 때 이렇게 해야 해. 내가 아는 선배도 비슷

한 일이 있었는데, 그때 이렇게 했더니 바로 해결되더라. 아이한테는 무조건 강하게 나가야 돼. 아니면 내가 아는 전문가 연결해 줄까?"

대화형 나르시시스트, 어떻게 대처할까?

상대방이 대화형 나르시시스트적인 경향을 보인다면, 자신의 에너지를 보호하고 관계의 균형을 맞추기 위한 전략이 필요합니다.

주제 되돌리기

상대방이 대화를 가로채려 할 때, 단호하게 원래의 주제로 초점을 맞추세요. "잠시만요, 제가 하던 이야기를 마저 마무리해 볼게요."라고 말하며 대화의 주도권을 회복하는 연습을 합니다.

그레이 록Grey Rock 기술 사용하기

대화의 불균형이 심할 때는 감정적 반응을 최소화하세요. 마치 흥미 없는 회색 바위처럼 무미건조하게 반응함으로써, 상대가 더 이상 당신에게서 감정적 자극을 얻지 못하게 만드는 것입니다. 나르시시스트는 상대의 반응을 먹고 삽니다. 그들에게 '감정적 먹잇감'을 제공하지 않겠다는 전략적 비참여는 당신의 소중한 에너지가 소진되지 않도록 막는 방패 역할을 합니다.

대화형 나르시시스트 습관을 바꾸기 위한 실천법

스스로 대화형 나르시시스트가 되지 않으려면, 상대방의 이야기에 진정으로 귀를 기울이고, 대화의 무게 중심을 고르게 나누도록 합니다.

질문으로 초점 옮기기

상대방이 이야기할 때 "그때 어떤 기분이 들었나요?", "그때 어떤 생각을 하셨나요?"와 같이 상대방의 감정이나 생각을 묻는 질문을 건네보세요.

5분 규칙과 핑퐁 대화법

대화를 시작하기 전에 '5분 규칙'을 적용해 보세요. 처음 5분 동안은 상대방의 이야기에만 집중하고, 자신의 이야기는 잠시 미뤄두는 것입니다. 이후에는 탁구공을 주고받듯, 서로의 이야기를 나누는 '핑퐁 대화법'를 의식적으로 실천하며 균형을 유지합니다.

자기 통제, 15초의 침묵

자신의 이야기를 쏟아내고 싶은 충동일 들 때면 잠시 15초만 멈춰 보세요. 이 15초 동안 스스로에게 "지금 꼭 내 이야기를 해야 할까?"라고 질문을 던져보세요.

대화형 나르시시스트에서 벗어나기 위해서는 자신의 대화 습관을 인식하고, 상대방의 이야기에 초점을 맞추는 연습을 합니다. 이는 단순한 경청을 넘어, 말의 중심을 고르게 조율하는 관계 태도를 기르는 과정입니다.

———

모든 대화에서
자신의 경험을 꺼내놓을 필요는 없습니다.

익숙한 대화의 패턴을 바꿔보세요.
누구든 오래 머무르고 싶어 할 거예요.

판단과 사실을 구분해서 말하기

혹시 누군가와 대화하면서 '내 말이 왜 저렇게 다르게 전달됐을까?' 혹은 '저 사람은 왜 저렇게 나를 오해할까?' 하는 답답함을 느껴본 적 있나요? 인간관계에서 받는 대부분의 스트레스는 우리가 주고받는 '말' 그 자체보다는, 그 말을 듣고 해석하는 우리의 '판단하는 마음'에서 시작됩니다.

판단은 상대방의 행동에 대한 주관적인 평가입니다. 대부분의 갈등은 실제 사실보다는 사실에 대한 주관적인 '판단'이 개입되면서 발생합니다. 이 두 가지를 혼동하면 상대방의 행동을 있는 그대로 보지 못하고, 자신이 내린 해석에 갇힌 채 왜곡된 방식으로 이해하게 됩니다. 판단이 습관이 되면 상대방의 감정을 온전히 이해하거나 공감하기 어려워집니다. 이는 관계를 서서히 무너뜨릴 수 있습니다.

판단하는 마음이 문제가 되는 이유

판단하는 마음은 '옳다'와 '그르다', '맞다'와 '틀리다'라는 평가에 기반합니다. 우리는 사실에 나의 경험, 감정, 가치관을 덧붙여 판단합니다. 상대방이 늦은 이유가 불가피한 교통 체증 때문일 수 있음에도, "저 사람은 약속 시간을 안 지키는 무책임한 사람이야."라고 단정 짓는다면, 사실(늦었다)에 자신의 판단(무책임하다)을 덧씌워져 상대방을 부정적으로 낙인찍는 결과를 낳습니다.

자녀와의 소통 문제로 내원한 한 내담자는 자녀로부터 "엄마는 내 마음을 이해하려고 하지 않고 늘 잔소리만 해."라는 말을 듣고 크게 상심했다고 합니다. 대화를 통해 드러난 진실은 아팠습니다. 아이는 어릴 적부터 엄마의 판단이 늘 중심이었던 탓에, '오늘은 또 어떤 지적을 받을까?', '또 혼나겠지'라는 불안 속에 지냈다고 합니다. 뒤늦게 자녀의 마음을 마주한 엄마는 이제, 판단이란 잣대로 자녀를 지적하기 전에 자신의 생각부터 살펴보는 연습을 하고 있습니다. 소중한 관계일수록 판단하는 마음을 잘 걷어내야 상처가 아닌 존중이 앞설 수 있습니다.

'판단'의 가장 큰 문제는 '인지 융합Cognitive Fusion'을 알아차리지 못하는 데서 비롯됩니다. 인지 융합은 자신의 생각이나 판단을 마치 객관적인 사실인 것처럼 굳게 믿는 현상입니다. '내 생각 = 사실'이라고 동일시하는 것이죠. 그러다 보니 생각대로 말하고 행동하게 되며, 이는 결국 관계 갈등으로 이어집니다. 생각대로 사는 사람이 아닌, '생각을 보는 사람'이 될 때 치우치지 않는 관계를 잘 유지할 수 있습니다.

동료가 회의에서 반론을 제시

사실 : 동료가 내 아이디어에 대해 논리적으로 반대 의견을 말했다.

판단 : '이 사람은 나를 싫어하는 게 분명해.'

인지 융합 : 동료가 나를 싫어한다는 확신에 사로잡혀 그와의 관계를 단절하려 합니다.

발표 중 실수

사실 : 발표 중 한두 번 말을 더듬었다.

판단 : '나는 역시 발표를 못하는 사람이야. 사람들은 나를 무능하게 생각할 거야.'

인지 융합 : '나는 발표를 못한다'는 생각이 진실이 되어 다음 발표를 피하거나 극심한 불안감을 느낍니다.

SNS 게시물에 '좋아요'가 적을 때

사실 : 내가 올린 사진에 '좋아요'가 평소보다 적다.

판단 : '내 사진은 별로인가 봐. 나는 인기가 없는 사람인가?'

인지 융합 : 자신의 가치를 '좋아요' 숫자로 판단하며 자존감이 낮아집니다.

인지 융합은 주관적인 판단을 마치 객관적인 사실인 것처럼 착각하게 만들어 불필요한 고통과 갈등을 유발합니다. 사실과 주관적인 판단을 구분하지 못하면, 인간관계를 늘 왜곡된 시선으로 보게 되며 실제보다 더 큰 문제 속에서 살아가게 됩니다.

판단을 내려놓고 소통의 문 열기

판단하는 마음이 줄어들면 나와 다른 생각이나 가치관을 가진 사람들도 더 쉽게 포용할 수 있습니다. 판단이 개입된 대화는 관계에 균열을 만들고 소통을 단절시키지만, 같은 상황이라도 판단을 배제하고 표현하면 대화의 흐름과 상대방의 반응은 완전히 달라집니다.

집(부모–자녀 관계)

상황 : 아이가 시험을 망쳐서 돌아왔을 때

판단이 개입된 대화 : "너는 매번 이 모양이냐? 그렇게 게임만 하니까 성적이 이렇지! 네가 과연 잘할 수 있을까 싶다."

판단이 배제된 대화 : "시험 결과가 많이 아쉽겠네. 속상했지. 혹시 어떤 부분이 어려웠는지 이야기해 줄 수 있을까? 다음번엔 어떻게 하면 더 잘할 수 있을지 같이 고민해 보자."

직장(상사–팀원 관계)

상황 : 팀원이 마감 기한을 지키지 못했을 때

판단이 개입된 대화 : "이거 왜 아직도 못 끝냈어? 맨날 늦고 말이야. 도대체 책임감이 있는 거야 없는 거야? 자네 때문에 팀 전체가 피해를 보잖아!"

판단이 배제된 대화 : "프로젝트 마감이 지연되고 있네요. 혹시 진행에 어려움이 있을까요? 어떤 도움이 필요한지 이야기해 주면 함께 해결 방안을 찾아볼게요."

친구 또는 연인 관계

상황 : 상대방이 약속 시간에 늦었을 때

판단이 개입된 대화 : "또 늦었네? 너는 도대체 왜 이렇게 시간 관리를 못하는 거야. 항상 나만 기다리게 만들고, 나를 존중 좀 해줬으면 좋겠어."

판단이 배제된 대화 : "약속 시간보다 좀 늦었네. 혹시 오는 길에 무슨 일이 있었어? 기다리는 동안 조금 걱정됐어."

판단에서 벗어나 사실을 보는 방법

'판단'에서 벗어나 '사실'을 있는 그대로 보려면 의식적인 노력이 필요합니다.

자동적인 생각 멈추기

사건을 마주쳤을 때 즉각적으로 떠오르는 '판단하는 마음'을 잠시 멈추세요.

마음속 질문 던지기

스스로에게 '이것은 움직일 수 없는 사실인가, 아니면 내 생각(판단)인가?'라고 질문해 보세요. 오직 눈에 보이는 것만으로 상황을 묘사하는 연습이 필요합니다.

생각 분리 연습

'나는 무능해'라는 단정 대신 '나는 내가 무능하다는 생각을 하고 있구나'라고 말해보세요. 이는 생각이 곧 사실이 아님을 깨닫게 해줍니다.

관찰자 시점으로 전환하기

상대방의 행동을 평가자가 아닌, 관찰자적인 시선으로 바라보세요. '그가 지금 큰 소리로 말하고 있구나'라고 사실만을 인식하고, 거기에 '화가 났다'는 판단을 덧붙이지 않습니다. 자동적인 판단이 들면, 이를 즉시 사실의 언어로 전환합니다.

기록에서 판단 삭제하기

하루를 기록할 때 '게으른 하루'라는 낙인 대신, '세 시간 동안 휴식을 취함'이라고 사실만 기록해 보세요. 처음에는 일기를 쓰듯이 자유롭게 적은 후, 그 내용 중에 판단이 들어간 부분은 선을 그어 지워보세요. 그러면 자연스럽게 사실만이 남게 되고, 일상을 있는 그대로 보게 됩니다.

'있는 그대로' 보기 위한 4주 실천법

1주 차 : 관찰하기

대화 중 습관적으로 떠오르는 자동적인 판단을 조용히 관찰해 보세요. '아, 지금 내가 판단을 내리고 있구나'라고 인식하는 것만으로도 변화는 시작됩니다.

2주 차 : 사실만 말하기

하루 한 번, 판단을 거둬 낸 '사실'만으로 말해보세요. "회의가 지겨웠어." 대신 "회의가 두 시간 동안 진행되었어."와 같이 말할 때 마음은 보다 편해질 것입니다.

3주차 : 생각 분리하기

부정적인 생각이 들 때 즉시 문장 형식을 바꿔보세요. "그가 나를 무시해." 대신 '나는 그가 나를 무시한다는 생각을 하고 있다'라고 말하며 생각과 나 사이의 건강한 거리를 두세요.

4주 차 : 호기심의 질문 던지기

판단 대신 호기심을 담아 물어보세요. "왜 이렇게 늦었어? 평소에도 자주 늦지?"(판단) 대신 "혹시 오는 길에 무슨 일이 있었나요?"(호기심)라고 말해봅니다. 판단은 상황을 악화시키고, 질문은 상황을 이해하도록 돕습니다.

판단은 우리 마음속에 끊임없이 울리는 소음과 같습니다. 마치 고장 난 라디오처럼 온종일 재잘거립니다. 판단은 본디 그러합니다. 누구도 비켜갈 순 없지만, 언제든 잘 다룰 수는 있습니다. 만일 지금보다 30퍼센트라도 판단이 줄면 내 삶은 어떨까요? 벌써 편안해지시나요? 판단은 이러합니다.

오늘 당신 앞에 있는 사람에게
온전히 주의를 기울여보세요.
듣고, 배우며, 영감을 얻으세요.

제대로 보세요.

혼잣말
사용법

'난 안 될 거야.'

'아, 망했어. 내가 그렇지 뭐.'

자기 자신에게 하는 혼잣말, 즉 '셀프톡Self-Talk'은 우리의 생각, 감정, 그리고 행동에 직접적인 영향을 미치는 강력한 심리적 도구입니다. 이 셀프톡은 의식적이든 무의식적이든 끊임없이 우리의 머릿속에서 반복되며, 우리의 기분은 물론 타인과의 관계, 사회적 행동까지 결정 짓는 중요한 역할을 합니다.

셀프톡은 한 사람이 세상을 어떻게 인식하고 해석하는지를 보여 주는 내면의 인장과도 같습니다. 이에 의식의 '장' 안에 어떤 말을 새 겨넣을지 신중해야 합니다. "나는 할 수 없어."와 같은 부정적인 셀프 톡은 '나는 무능하다'라는 2차 생각으로 확산되는 '점화 효과Priming Effect' 를 일으킵니다. 반대로 "잘 해낼 거야."라는 긍정적인 셀프톡은 '나는 유능하다'는 믿음을 강화하여 자신감을 북돋고, 어려운 상황에서도 나아갈 길을 만드는 적극성의 연료가 됩니다.

습관화된 반복적인 셀프톡은 신경 회로에 응고됩니다. 이를 체화 Embodimet 과정이라고 합니다. "이건 너무 어려워."라고 수시로 말하면, 뇌는 정말로 그 일이 어려운 것이라고 믿게 되고, 해결책을 찾는 것을 포기하게 만듭니다. 부정적인 셀프톡이 습관화되면 뇌는 부정적인 정보에 집중되고, 작은 문제에도 쉽게 좌절하는 행동을 유발합니다. 나아가 습관화된 부정적인 셀프 톡이 '확증 편향 Comfirmation bias'을 강화하여, 뇌가 스스로 실패할 이유만 찾게 만드는 인지적 폐쇄성을 불러옵니다.

한 내담자는 발표를 앞두고 긴장될 때마다 "나는 원래 발표를 못해. 이번에도 망칠 거야. 사람들이 다 나를 비웃을 거야."라는 혼잣말을 했습니다. 그녀의 셀프톡은 불안을 만들고, 자신감을 잃게 했습니다. 발표 당일, 예상치 못한 질문을 받았을 때, 그녀의 머릿속에는 '망했어'라는 셀프톡으로 가득했고, 결국 준비한 만큼 보여주지 못했습니다. 이는 평소 습관이 된 부정적인 셀프톡이 자신감을 앗아가고, 스스로의 기대를 망치게 한 대표적인 사례입니다.

셀프톡이 기분과 태도에 미치는 영향

부정적인 셀프톡은 감정을 빠르게 악화시킵니다. "왜 나는 맨날 이렇지?", "이번에도 망했어." 같은 말은 자존감을 떨어뜨리고, 불안과 우울, 무기력 같은 감정을 유발합니다. 반대로 "괜찮아, 다음엔 더 잘하면 되지.", "이 정도면 잘했어." 같은 긍정적인 셀프톡은 좌절 속에서도 회복탄력성을 높이고 자기 돌봄의 힘으로 치유를 만들어냅니다.

습관적인 셀프톡은 행동에 직접적인 영향을 미칩니다. 스스로에게 '나는 매력적이지 않아'라고 생각하면, 자신감이 없는 태도나 위축된 모습을 보이기 쉬워 타인에게도 실제로 그렇게 보이게 됩니다. 자신을 향한 부정적인 말이 행동에 반영되어, 결국 스스로가 가장 두려워하던 상황이 현실로 만들어지는 것입니다.

부정적인 셀프톡 → 부정적인 행동 → 관계 악화
긍정적인 셀프톡 → 긍정적인 행동 → 관계 개선

제 한 동료는 자신의 분야에서 뛰어난 전문가였지만, 강의 때마다 "내 강의가 재미없을 거야."라는 부정적인 셀프톡을 했습니다. 이 혼잣말 때문에 그는 학생들과 눈을 맞추지 않고 서둘러 강의를 마치는 일이 잦았습니다. 결국 학생들은 그의 뛰어난 지식보다 불안을 먼저 보게 되었고, 그의 셀프톡은 낮은 강의 평가라는 결과로 돌아왔습니다. 하지만 지금은 자신감을 북돋는 말로 바꿔가며, 그가 가진 전문적인 역량을 충분히 잘 발휘하고 있습니다.

혼잣말의 두 얼굴 : 관계를 세우거나, 무너뜨리거나

부정적인 셀프톡은 종종 타인을 향한 부정적인 태도로 이어집니다. "왜 나한테만 이런 일이 생기는 거야?"라는 셀프톡은 타인의 사소한 말에도 반응하기 쉽고, 이는 원만한 관계를 유지하는 데 걸림돌이 됩니다. 특히 자신의 행동에 대해 "제가 원래 좀 그래요.", "내가 그렇지 뭐."와 같은 말은 무기력한 회피로 보여져 스스로의 인상을 깎아내립니다. 이 말은 '나는 고칠 생각이 없다'라는 의미로 전달되어, 상대방에게 부정적인 고정관념을 심어줄 수 있습니다.

한 내담자는 약속 시간에 늦자 "나는 늘 왜 이렇게 게으르지? 친구가 날 한심하게 생각할 거야."라고 자조 섞인 셀프톡을 했습니다. 친구가 "왜 이렇게 늦었어?"라고 묻자, 그녀는 "아, 미안. 원래 좀 늦는 편이라….'라고 말하며 고개를 숙였습니다. 약속에 늦은 사실보다 '나는 원래 이런 사람'이라고 스스로를 규정하는 태도가 친구에게 변화가 어려운 사람이라는 인상을 남겼습니다. 만일 "늦어서 미안해. 급하게 나오느라 늦었어."라고 솔직하게 말했더라면, 친구는 미안함을 더 진솔하게 받아들였을 것입니다. 이처럼 부정적인 셀프톡은 스스로를 위축시키고, 상황에 필요한 행동마저 억제시킵니다.

긍정적인 셀프톡 실천법

새로운 문장 만들기

부정적인 셀프톡이 나올 때, 바로 긍정적인 문장으로 대체하세요. '오늘 하루 정말 운이 없네'라고 생각이 들 때, 즉시 "이것 또한 지나갈 거야."라고 대체합니다. 매일 아침 거울을 보며 자신을 향해 확신에 찬 긍정적인 문장을 들려주는 것도 하루를 다스리는 좋은 시작입니다.

부정적인 셀프톡에 질문하기

부정적인 셀프톡이 올라오면, 이 말대로 일이 일어난 것인지 객관적인 질문을 스스로에게 던져보세요.

"정말 그게 사실일까?"
"이 생각 외에 다른 대안은 없을까?"
"내 생각을 뒷받침하는 증거와 반박하는 증거는 각각 무엇일까?"

이러한 질문은 감정적 판단에 근거한 행동을 멈추고, 더 합리적이고 객관적으로 상황을 바라보는 힘을 길러줍니다.

혼잣말에 이름 붙여 객관화하기

머릿속에 '나는 역시 안 돼' 같은 부정적인 생각이 떠오르면, 그 생각에 '걱정봇'이나 '불안이' 같은 이름을 붙여보세요. 그리고 속으로 "아, 걱정봇이 또 시작됐군." 하고 말해보세요. 이렇게 생각과 자신을 분리하면 마치 제3자처럼 부정적인 혼잣말을 관찰할 수 있게 되어 그 말에 휩쓸리지 않게 됩니다.

자신에게 멘토가 되기

소중한 친구를 위로하듯 자신에게도 따뜻한 말을 건네보세요. 이는 자기 비난을 멈추고 스스로를 돌보는 첫걸음입니다. "왜 이렇게 제대로 하는 게 없지?"라는 말을 "괜찮아, 누구나 실수할 수 있어. 다시 시작하면 돼."로 전환합니다. 자신에게 건네는 따뜻한 말은 불안을 낮추고 회복탄력성을 높여줍니다.

💬 상황별 긍정적인 셀프톡

업무나 학업에서 실수했을 때

"이번 실수를 통해 무엇을 배웠는지 생각해 보자."

"완벽할 필요는 없어. 중요한 건 다음번에 더 나아지는 거야."

중요한 발표나 면접을 앞둔 상황

"나는 잘 준비했어. 긴장되지만 내 실력을 보여주자."

"이 경험 자체가 나에게 큰 도움이 될 거야."

인간관계에서 갈등이 생겼을 때

"상대방의 행동에는 내가 모르는 다른 이유가 있을 수 있어."

"감정적으로 대응하지 말고, 잠시 멈춰서 생각해 보자."

개인적 어려움이나 도전 상황일 때

"괜찮아. 지금은 힘들어도 지나고 나면 이 시간이 날 성장시킬 거야."

"오늘의 나는 어제의 나보다 조금씩 나아지고 있어."

긍정적인 셀프톡은 단순한 위안을 넘어, 생각과 행동을 바꾸는 실질적인 힘을 지닙니다. 생각을 바꾸기 어렵다면 먼저 말을 바꿔보세요. 습관적인 말이 결국 삶의 방향을 결정합니다. 이 작은 노력이 가져올 놀라운 변화를 직접 경험해 보세요.

———

우리의 하루는 빈 도화지입니다.
말 붓을 들고 있는 사람은 누구인가요?
오늘,
당신의 말에 다양한 빛깔을 만들어보세요.

CLASS 2

마음을 여는 말,
공감과 이해를 깊게 하다

감정을 수용하는 대화법

우리는 서로 다른 경험과 배경 속에 있기에 같은 상황을 마주해도 느끼는 감정은 다양할 수밖에 없습니다. 상대방의 여러 감정을 수용하는 것은 열린 대화의 시작입니다. 감정에 대한 수용은 수많은 경험을 지나온 존재의 시간을 인정하는 일입니다. 그러나 연인이나 가족처럼 가까운 관계일수록 상대방의 감정이 나와 다르다는 것을 견디지 못해 감정을 강요하는 상황까지 일어납니다.

친밀한 관계일수록 상대방을 자신의 일부로 간주하며 정서적인 동일시를 당연하게 여기곤 합니다. 이때는 내가 슬프면 너도 슬퍼야 하고, 내가 기쁘면 너도 기뻐야 한다는 욕구가 생기기 쉽습니다. 그 순간 관계는 '감정의 통제'라는 덫에 놓이게 됩니다. 내가 느끼는 감정이 '옳다'고 믿으며, 상대방의 감정을 '틀린 것'으로 간주하거나, 감정이 다를 수 있음을 이해하지 못해 갈등이 커집니다. 감정의 불일치는 서로가 다른 사람이라는 증거가 아니라, 상대방은 '이런 감정을 느끼는구나'라고 이해하며 바라봐야 할 소중한 순간입니다. 그런

데 불일치의 간극을 견디지 못해 '우리가 진정으로 통하는 사이가 맞나?'라는 의심에 사로잡히면, 감정을 확인하며 불만을 토로하는 상황이 반복될 수 있습니다. 이러한 태도는 상대방에게 심각한 심리적 압박을 주고, 결국 관계를 망가뜨립니다.

감정을 강요받는 사람은 '나의 감정은 중요하지 않다'고 느끼며 심리적인 고립감을 경험합니다. 한 내담자는 프로젝트 실패로 낙담해 있을 때, 아버지가 "뭐가 그렇게 힘들어? 아빠 때는 훨씬 더 힘들었어. 너 정도는 힘든 것도 아니야."라고 나무라는 말에 '내가 잘못 느낀 건가?'라는 자기 회의가 커졌다고 합니다. 결국 그는 대화의 거리를 두게 되었습니다.

또 다른 내담자는 "우리가 만난 지 1년인데, 왜 아무 감흥이 없어? 나는 지금 너무 행복한데, 너는 왜 그래?"라고 말하며 내담자의 감정이 자신과 같기를 바랐다고 합니다. 그는 '나는 있는 그대로의 모습으로 사랑받지 못하는구나', '그녀의 감정에 매번 맞추기가 힘들다'라는 생각이 들면서 결국 이별을 준비했습니다.

친밀할수록 감정 수용이 중요한 이유

가까운 사람일수록 흔히 '나와 같을 것'이라는 동질성 기대를 갖게 됩니다. 기대가 클수록 상대방이 나와 다른 감정을 느끼거나 반응을 달리할 때, '어떻게 나랑 다르게 느낄 수 있지?'라며 서운함과 불만도 커집니다. 하지만 감정이 같다고 해서 관계가 깊어지는 것은 아닙니다. 관계의 깊이는 감정의 수용 능력에서 비롯됩니다.

감정 수용은 '당신을 판단하지 않고, 있는 그대로 받아들인다'는 무언의 메시지를 전달합니다. 이는 상대방의 감정을 인정하고 존중하는 행위로, '나는 완벽하지 않아도 사랑받을 수 있다'는 자존감을 단단하게 만들어줍니다. 이와 달리 감정을 요구하게 되면 상대방은 점차 자신의 감정을 억누르게 됩니다. 이는 관계의 표면적 평화를 유지할지 몰라도, 내면에는 억압을 키웁니다. 상대방은 '나는 이 관계에서 온전히 나 자신일 수 없다'라는 심리적인 불안정이 증폭되고, 관계를 되돌아보게 하는 결정적인 이유가 됩니다.

감정 수용의 가장 큰 이점은 이 관계에서 거짓된 모습이나 가면을 쓰지 않아도 되며, 솔직하게 자신을 드러낼 수 있다는 점입니다. 사람들은 누구나 자신의 취약한 감정을 드러내는 것을 두려워합니다. 하지만 상대방이 나의 힘겨운 감정(슬픔, 불안, 분노 등)마저도 온전히 받아줄 때 심리적 안전망은 견고해집니다.

실제로 한 내담자는 이직에 계속 실패하면서 깊은 좌절감과 불안에 시달렸습니다. 가족들은 그에게 "더 열심히 해라.", "네가 노력이 부족해서 그래."라고 말하는 대신, 불안해하는 그의 감정을 먼저 받아들여 주었습니다. "요즘 많이 불안하지? 충분히 힘들 수 있어. 네 마음이 어떤지 다 이해해."라는 따뜻한 한마디는 그에게 큰 위로가 되었습니다. 정서적 지지를 받은 내담자는 스스로를 탓하며 멈춰서는 대신 다시 도전할 용기를 얻었고, 결국 이직에 성공할 수 있었습니다. 실패 상황에서의 비난은 자아를 위축시키지만, 공감은 자존감을 지켜주는 심리적 완충제 역할을 합니다.

감정을 수용하는 표현 늘리기

감정을 수용하는 대화는 단순히 '고개를 끄덕이는 것' 이상입니다. 직접적인 언어 표현을 통해 상대방의 감정을 인정하고 존중하는 노력이 필요합니다.

감정 인정하기

상대방이 느꼈을 감정을 당신의 언어로 되돌려주세요. "네가 지금 많이 속상하구나." 또는 "그랬다면 충분히 화가 날 만해."라고 말하며 상대방의 감정을 그대로 반영해 줍니다.

이해와 공감 표현하기

"네 마음이 지금 복잡하겠네." 또는 "네가 그렇게 느꼈다는 것을 이해해."와 같이 상대방의 감정 상태를 인지하고 있음을 보여주세요. 이는 상대방에게 심리적 안정감을 줍니다.

개방적인 질문 던지기

"네가 그렇게 느낄 수도 있겠다."라고 말하며, 상대방의 감정을 존중하는 마음을 표현합니다. 이어서 "어떤 점이 너를 그렇게 힘들게 했어?"와 같이 관심어린 질문을 건네면, 상대방은 자신의 감정을 더 자세히 이야기할 수 있게 됩니다.

친밀한 관계에서 감정 수용은 상대방의 아픔이나 기쁨을 함께 느

끼는 공감 능력을 키우고, 서로의 감정을 공유할 수 있는 안전한 공
간을 만듭니다. 감정을 헤아리는 수용적 대화를 늘려보세요. 감정에
손을 내미는 관계만큼 좋은 관계는 없습니다.

———

마음을 열고
상대방의 세상을 깊이 느껴보세요.
기쁨이건, 슬픔이건, 지루함이건 있는 그대로

당신의 세상이 분명 달라질 거예요.

공감과 동정,
그 미묘한 차이

공감은 타인의 감정과 경험을 이해하고 함께 느끼는 마음입니다. 이는 단순히 귀를 기울이는 것을 넘어, '그 사람이 왜 그렇게 느꼈을까'를 헤아리는 적극적인 태도를 말합니다. 공감은 상대에게 '나는 혼자가 아니구나'라는 안정감을 주고, 피상적인 관계를 넘어 마음과 마음이 연결되는 깊은 유대감을 형성합니다.

공감은 관계의 오해와 장벽을 허무는 가장 중요한 힘입니다. 상대의 입장을 넘어 그 감정의 배경까지 헤아리게 하기 때문입니다. 공감을 통해 우리는 섣부른 판단이나 비난이 들어설 자리에 따뜻한 이해의 온기를 전할 수 있습니다. 하지만 공감이 부재한 관계에서는 갈등이 반복되고, 오해는 깊어집니다.

공감 능력이 높은 사람들의 특징

공감 능력이 높은 사람들은 단순히 타인의 감정을 이해하는 데서 나아가 관계에 따뜻한 변화를 가져옵니다. 이들은 자신의 가치관으로 상대방의 감정이나 생각을 섣불리 평가하지 않습니다. 그저 "그렇게 느꼈겠구나." 하며 있는 그대로 존중하고 받아들입니다. 이러한 태도는 상대의 삶에 대한 수용으로 이어져, 그가 다음 이야기를 편안히 꺼낼 수 있게 합니다. 내 이야기를 더 내놓을 수 있게 만드는 누군가의 힘은 그 어떤 화려한 조언보다 더 큰 의지가 됩니다.

이러한 태도는 "정말 속상했겠다.", "많이 힘들었겠네요."처럼 감정을 구체적인 언어로 표현하는 섬세함으로 이어져 상대방은 위로와 안정을 얻습니다. 나아가 이들은 감정의 다양성을 이해하며, 단편적인 사실에 치우치기보다 너르게 살피며 교감할 줄 압니다. 이는 자신의 잣대로 타인의 감정을 평가절하하거나, 상대방의 감정을 쉽게 '틀린 것'으로 치부하는 미숙한 태도와 대조되는 인격의 지표입니다.

💬 공감 능력 자가 테스트

자신이 얼마나 공감 능력을 가지고 있는지 간단하게 평가해 볼 수 있는 문항들입니다. 다음 문항들을 읽고, 자신에게 해당하는 정도를 1(전혀 그렇지 않다)부터 5(매우 그렇다)까지 점수로 매겨보세요. (이 테스트는 자신의 성향을 이해하는 참고 자료로만 활용합니다.)

1. 나는 누군가의 감정 변화를 잘 알아차리는 편이다. (1 2 3 4 5)

2. 상대방의 표정이나 목소리 톤만으로도 기분을 짐작할 수 있다. (1 2 3 4 5)

3. 다른 사람이 슬퍼할 때, 나도 모르게 비슷한 감정을 느낀다. (1 2 3 4 5)

4. 나는 사람들이 말하지 않은 속마음을 이해하려 노력한다. (1 2 3 4 5)

5. 친구의 성공에 진심으로 기뻐할 수 있다. (1 2 3 4 5)

6. 나와 다른 의견을 가진 사람의 말을 끝까지 경청한다. (1 2 3 4 5)

7. 영화나 책의 주인공 감정에 쉽게 몰입한다. (1 2 3 4 5)

8. 상대방이 힘들어할 때, 섣부른 조언보다 "많이 힘들었겠다."와 같이 감정을 인정하는 말을 먼저 한다. (1 2 3 4 5)

9. 나는 타인의 상황을 상상하며 그의 입장에서 생각해 보려고 한다. (1 2 3 4 5)

10. 누군가 나에게 힘겨운 감정을 털어놓을 때, 그 감정에 휩쓸리지 않고 객관적으로 받아들일 수 있다. (1 2 3 4 5)

결과 해석

· 0~20점 : 공감 능력이 낮거나, 타인의 감정에 집중하는 데 어려움을 느낄 수 있습니다. 대화 시 상대방의 이야기에 더 귀 기울이고, 그 사람의 입장에서 생각하는 연습이 필요합니다.

· 21~35점 : 어느 정도 공감 능력을 가지고 있지만, 상황에 따라 감정 이입에 어려움을 겪을 수 있습니다. 꾸준한 공감 훈련을 통해 더 깊은 관계를 맺을 수 있습니다.

· 36~50점 : 공감 능력이 매우 뛰어나며, 타인의 감정을 잘 이해하고 함께 느낄 줄 아는 사람입니다. 이러한 강점을 활용해 주변 사람들에게 긍정적인 영향력을 미칠 수 있습니다.

공감이 동정이 되지 않게

공감이 자칫 동정으로 오해받지 않도록 하려면, 상대방의 시선으로 세상을 바라보는 노력이 중요합니다. 공감은 '함께 느끼는 것'이지만, 동정은 '측은하게 여기는 것'이기 때문입니다. 동정은 상대방에게 '도움이 필요한 약자'라는 메시지를 전할 수 있습니다.

이러한 태도는 보이지 않는 감정적 우위를 만들고, 오히려 상대의 자존감에 상처를 줄 수 있습니다. 결국 '나는 너와 달리 괜찮다'라는 심리적 경계를 세워, 진심 어린 배려를 희석시키는 독이 될 수 있습니다.

💬 공감과 동정, 서로 다른 말

• **연인과 다툰 후**

동정 : "한두 번도 아니고 너네 정말 어떡해."

공감 : "다투면서 많이 속상했겠다. 지금 그 감정, 충분히 이해해."

• **친구가 성적이 낮아져 좌절하고 있을 때**

동정 : "아이고, 어떡해. 정말 큰일났다."

공감 : "진짜 열심히 준비했는데 결과가 아쉬워서 많이 속상하지?"

• **동료가 힘든 일을 겪었을 때**

동정 : "얼마나 막막하니? 나보다 네가 훨씬 더 힘든 것 같아 보여."

공감 : "그 이야기를 해줘서 고마워. 네 마음이 얼마나 힘들었을지 조금은 알 것

같아"

공감 능력을 키우는 방법

공감은 타고나는 것이 아니라 꾸준한 연습으로 기를 수 있는 능력입니다.

나의 경험에서 벗어나기

상대방의 이야기에 자신의 경험을 투영해 "나도 그랬어."라고 말하는 것은 공감을 방해합니다. 자신의 기억을 잠시 내려놓고, 오직 상대의 감정이 머무는 곳에 온전히 집중해 보세요.

평가와 조언은 잠시 멈추기

섣부른 동정이나 '다음에 더 잘하면 된다'는 식의 조언은 상대방의 감정을 가벼이 여기는 것처럼 들릴 수 있습니다. 상대방이 먼저 도움을 요청하기 전까지는 잠시 판단을 멈추고, 그저 경청하는 태도로 마음을 기울입니다.

공감 문장 연습하기

상대방의 감정을 반영하는 언어를 의식적으로 사용해 보세요. "속상했겠다.", "정말 기뻤겠구나.", "많이 힘들었겠네."와 같이 상대방의 감정을 되짚어주는 연습을 합니다.

💬 하루 한 문장, 7일 공감 표현 연습

매일 한 문장씩 주변에 공감 메시지를 보내거나 말해보는 실천

미션입니다.

• 1일 차

"나도 같은 기분일 때가 많아."

• 2일 차

"충분히 그렇게 느낄 수 있어."

• 3일 차

"네 입장에서 생각해 보니 그럴 만도 해."

• 4일 차

"와, 정말 대단하다. 많이 힘들었지?"

• 5일 차

"그랬구나. 나는 그 상황에서 네가 어떤 감정을 느꼈을지 궁금해."

• 6일 차

"네가 지금 느끼는 감정은 잘못된 게 아냐."

• 7일 차

"힘들었을 텐데 편하게 말해줘서 고마워."

공감은 타인의 마음을 읽는 기술을 넘어, 자신의 마음을 너르게 키우는 과정입니다. 누군가에게 진심 어린 공감을 건넬 때 우리는 상대방의 감정 안에서 이해하는 법을 배우게 됩니다. 공감이 해결보다 먼저 앞설 때 상처입은 마음이 치유로 바뀌고, 다음 이야기에 귀를 기울일 수 있습니다. 잊지 마세요. 공감은 단순히 마음을 어루만지는 것 이상으로, 그 상황을 스스로 이겨낼 힘을 불어넣는 기술이란 것을요.

———

당신은 무엇을 볼 수 있고
무엇을 할 수 있나요?

오늘 누군가의 마음이 되어보세요
당신의 빛을 환히 밝히세요.

성공의 '공'을
나누는 지혜

우리가 사회생활 속에서 만들어내는 수많은 성과는 개인의 노력만으로 이루어지지 않습니다. 그 어떤 뛰어난 사람도 혼자서 모든 것을 이룰 수는 없으며, 우리의 성장과 성공은 알게 모르게 주변 사람들의 알게 모르게 베풀어준 도움과 지지 속에서 이루어집니다. 이때, 자신이 이룬 공을 오롯이 자신에게만 돌리는 사람이 있는가 하면, 그 공을 겸허하게 주변 사람들과 나누는 사람도 있습니다. 바로 이 작은 태도의 차이가 관계의 질을 완전히 바꾸어놓습니다.

자신의 성공이 오직 자신만의 노력이라고 믿는 사람은 타인의 기여를 당연시하거나 가치를 두지 않습니다. 이들은 '나'를 중심에 두고, 다른 사람의 도움을 그저 자신의 능력을 뒷받침하는 수단으로만 여깁니다. 이러한 태도는 결국 '자기밖에 모르는 사람'이라는 인상을 남기며 스스로 고립을 자초하게 됩니다. 위기가 닥쳤을 때 기꺼이 손 내밀어줄 사람이 곁에 없는 것도, 결국 이러한 태도가 낳은 결과입니다.

반면, 자신이 이룬 성과를 기꺼이 주변 사람들과 나누는 이들은 상대의 노력에 진심으로 감사할 줄 압니다. 자신의 성공이 팀워크와 상호작용의 결과임을 볼 줄 알며, 다른 사람들의 기여를 빛낼 줄 압니다. 이러한 모습은 개인에게도 미덕이 되어 미래의 길을 밝히는 선순환을 만듭니다.

성공을 나누는 사람, 성공을 누리는 사람

우리가 이룬 성취 뒤에는 수많은 이름 모를 손길과 크고 작은 배려가 숨어 있습니다. 밤샘 작업에 건넨 따뜻한 커피 한 잔의 온기, 아이를 잠시 돌봐주며 마음 편히 해주었던 가족의 응원, 그리고 묵묵히 지켜봐준 친구의 믿음까지, 어쩌면 당신이 알아채지 못한 순간에도 누군가는 당신의 성공을 위해 기꺼이 자신의 시간과 자원을 나누어 주었을지도 모릅니다.

자신의 성공이 온전히 혼자만의 노력이 아닌 주변의 도움과 지지 덕분임을 인정하는 순간, 상대방은 '나의 기여를 알아주는구나'라는 생각에 충분한 심리적 보상을 누리게 됩니다. 관계는 타인의 노고를 헤아리는 순간 깊어지고, 이미 닿아 있는 손길을 귀하게 여길 때 풍요로워집니다.

💬 성공을 함께한 사람들에게 건넬 말

• 동료나 팀원에게

"이 프로젝트의 성공은 우리 팀이 함께했기에 가능했습니다. 특히 OO 님께서 마지막까지 세심하게 살펴주신 덕분에 이렇게 완성도 높은 결과를 얻을 수 있었어요. 진심으로 감사합니다."

• 멘토나 상사에게

"제가 이만큼 성장할 수 있었던 건 OO 님께서 믿어주시고 기회를 주신 덕분입니다. 고비 때마다 건네주신 조언과 격려가 저에게는 가장 큰 힘이 되었습니다. 정말 감사합니다."

• 가족, 연인, 친구에게

"내가 흔들릴 때마다 묵묵히 내 편이 되어준 덕분에 포기하지 않고 여기까지 올 수 있었어. 네가 없었다면 불가능했을 거야. 늘 곁에 있어줘서 고마워."

💬 성공을 나눈 경험이 더 큰 성공을 부른 사례

• 에어비앤비Airbnb 창업자들

창업 초기, 연이은 투자 유지 실패와 신용카드 빚으로 벼랑 끝에 서 있던 그들은 자신들이 판매하던 시리얼 박스에 투자자들과 조언자들의 이름을 하나하나 새겨 넣었습니다. 이 진심 어린 감사는 많은 이들을 감동시켰고, 결국 단순한 투자를 넘어 강력한 지지자 그룹을 형성하며 세계적인 기업으로 성장하는 결정적인 계기가 되었습니다.

• 픽사Pixar의 성공 신화

픽사는 영화가 성공할 때마다 특정 인물의 천재성보다는 모든 스태프의 공동 작업임을 강조하는 문화를 고수합니다. 자신의 기여를 온전히 인정받는 환경에서 직원들은 강한 소속감과 자부심을 느꼈고, 이는 〈토이 스토리〉부터 〈인사이드 아웃〉까지 이어지는 전무후무한 흥행 신화의 밑거름이 되었습니다.

• 구글Google의 '20퍼센트 프로젝트'

직원들에게 업무 시간의 20퍼센트를 개인 프로젝트에 쓰도록 장려한 구글의 정책은 '내 공을 나누고 타인의 아이디어에 기여하는' 문화를 정착시켰습니다. 그 결과 Gmail과 구글 뉴스 같은 혁신적인 서비스가 탄생할 수 있었습니다. 공을 나누는 문화가 곧 최고의 창의성을 불러온다는 사실을 증명한 사례입니다.

'공'을 나누는 말 습관

성공을 나누는 행동은 신뢰와 존중을 바탕으로 한 관계를 형성하며, 이는 미래를 위한 든든한 기반이 됩니다. 하지만 모든 공을 자신에게만 돌리려는 사람은 때로 타인의 성공 앞에 질투와 패배감을 느끼며, 자신의 기여조차 무색하게 만듭니다. 이러한 태도는 외부의 인정과 칭찬을 갈망하는 결핍된 마음에서 비롯됩니다. 자신의 노력만이 가장 중요하다고 여기는 태도는 주변에 오만하고 독선적인 인상을 남겨, 결국 관계를 멀어지게 만듭니다.

한 내담자는 지인의 작품을 돕고 큰 보람을 느꼈다고 합니다. 그 작업이 성공적으로 마무리되자, 내담자는 진심 어린 축하와 함께 주변에 상대의 성취를 널리 알렸습니다. 이러한 태도는 다른 사람들에게 깊은 인상을 남겼고, 함께한 이에게는 공동의 가치를 일깨워주었습니다. 감동한 지인은 자신의 작품에 내담자의 이름을 올리며, 그 공로를 기꺼이 되돌려주었습니다.

반면, 전혀 다른 경험을 한 내담자의 사례도 있습니다. 힘든 프로젝트를 도운 동료가 주변 사람들에게 '내가 없었으면 안 끝났을 것', '내 덕에 성공한 사람'이라며 자신의 공을 내세웠고, 내담자는 그 행동에 실망을 느껴 결국 관계가 소원해졌습니다. '늘 도움이 필요하면 돕겠다고 하더니…'라며 그날의 일을 기억하던 내담자는 관계에 대한 회의감을 느끼며 씁쓸해했습니다.

신뢰의 파괴는 기대와 현실의 괴리에서 옵니다. '돕는 자'라는 선한 가면 뒤에 숨겨진 '생색내기'는 관계를 소원하게 만드는 것을 넘어, 지나간 자리에 상처를 남깁니다.

💬 '공'을 나누는 실천법

구체적으로 감사하기

"수고하셨습니다." 같은 추상적인 인사 대신 상대의 구체적인 행동을 언급합니다. "[어떤 행동] 덕분에 문제가 해결되었습니다."와 같이 기여를 명확히 짚어줄 때, 상대는 자신의 노력이 가치 있게 쓰임에 보람을 느낍니다.

일상에서 인정의 습관 들이기

작은 일에도 "이것은 ○○ 님 덕분에 해결할 수 있었어."라고 말하는 습관을 들입니다. 식사 준비나 청소 같은 집안일에도 감사함을 표현하며 상대방을 수고와 노력을 인정합니다.

기여를 마음으로 되새기기

성취의 순간에 잠시 멈춰 '이 결과에 누가 기여했는가'를 스스로 질문해 봅니다. 이 과정 자체가 타인의 노력을 인식하는 내면의 훈련이 됩니다.

성과를 기꺼이 나누는 태도는 관계를 단순한 연결을 넘어 견고한 지지 기반으로 만듭니다. 관계의 발전은 주변의 작은 노력조차 소홀히 대하지 않는 태도에서 비롯됩니다. 보이지 않는 곳에서 당신을 위해 묵묵히 애써온 사람들을 둘러보세요. 그들이 있기에 지금의 당신이 있습니다.

———

노력을 인정하고
진심 어린 감사를 받는 일이
얼마나 힘이 되는지 모두가 알고 있어요.

지금 시작해 보세요.
다양한 형태로 행복이 찾아올 거예요.

나도
그럴 때가 있다

살다 보면 누구나 예상치 못한 순간에 실수를 저지릅니다. 약속에 늦거나, 중요한 서류를 빠뜨리거나, 혹은 뼈아픈 말실수를 하기도 합니다. 그 순간, 우리는 당황하고 얼굴이 붉어지며 때로는 숨고 싶을 만큼 민망해질 때도 있습니다.

이때 지켜보던 누군가가 "어떻게 그런 것도 제대로 못해!", "진작 확인했어야지!", "너 때문에 이게 뭐야!"와 같은 차가운 비난을 던지면, 부끄러운 마음을 추스리기 어렵고 깊은 자책에 빠지게 됩니다. 반면, 상대로부터 "괜찮아요, 나도 그랬어요." 혹은 "저도 자주 실수해요."와 같은 위로를 받으면 따뜻한 마음에 고마움이 깃듭니다. 실수는 누구나 하지만, 누구나 타인의 실수 앞에 선뜻 괜찮다고 말하지는 않습니다. 실수를 모두에게 일어나는 일로 감싸주는 배려는 누군가에겐 커다란 불안을 안아주는 특별한 순간이 됩니다. 때로는 작은 실수에도 큰 당혹감을 느끼기도도 합니다. 이때 따뜻한 한마디는 날카로운 충고보다 더 큰 변화를 이끕니다.

"나도 그럴 때가 있어."

실수를 마주했을 때 누군가 건네는 "괜찮아. 나도 그럴 때가 있어."라는 한마디는 큰 안도감을 줍니다. 이 말은 '너만 그런 게 아니야'라는 메시지가 되어, 실수로 인한 여러 복잡한 감정을 걷어줍니다.

흔히 실수는 개인의 무능력으로 치부되곤 합니다. 하지만 "나도 그래."라는 말은 실수를 취약함이 아닌 '누구나 겪는 자연스러운 과정'으로 바꾸어놓습니다. 자신의 실수가 타인에게 큰 피해를 주었다고 느낄 때는 깊은 자책감에 빠지기 쉽습니다. 이때는 따끔한 충고는 잠시 뒤에 두고, 상대방이 느낄 감정부터 먼저 살핍니다. "지금처럼 바쁠 때는 중요한 걸 놓칠 수도 있어요."라고 말하며 상대를 진정시킨 후, 하나씩 해결 방안이나 보완책을 의논합니다.

비난 대신 이해

"왜 그런 실수를 했니?"보다는 "무엇이 어려웠니?"라고 질문하며 상대방의 상황을 이해하려 노력합니다. 비난은 문제를 숨기게 만들지만, 이해는 해결책을 찾게 합니다.

낙인 대신 격려

"괜찮아, 다음엔 더 잘할 수 있을 거야. 이번 일로 무엇을 더 보완하면 좋을지 알았으니, 오히려 좋은 결과로 이어지는 계기가 될 거야."라며 앞으로의 가능성을 열어줍니다. 이는 상대방이 다시 용기를 낼 수 있는 힘이 됩니다.

실수를 성장으로 만드는 리더 vs 실패로 만드는 리더

실수를 '성장'으로 만드는 리더는 질책보다 원인 분석에 집중합니다. 팀원의 사기가 저하될 때 이들은 도전할 용기를 북돋으며 창의적인 분위기를 조성합니다.

"괜찮아, 누구나 실수할 수 있어. 이번 일을 통해 우리가 어떤 부분을 놓쳤는지 함께 찾아보자."

이러한 해결 중심적 리더는 비난 대신 문제를 함께 발견하려 노력합니다. 이때 팀원은 실패의 낙인에서 벗어나 책임감을 회복하며, 더 나은 성과를 위해 자발적으로 움직입니다.

반면 실수를 '실패'로 고착시키는 리더는 팀원을 비난하거나 공개적으로 망신을 줍니다. 이들은 팀원에게 "도대체 일을 어떻게 하는 거야? 다음부터는 중요한 일 맡기기 힘들겠네."라며 모욕감과 좌절감을 안깁니다. 이런 감정적인 태도는 팀원이 자신의 실수를 숨기게 만들고, 새로운 시도를 주저하게 합니다. 이는 결국 팀 전체의 창의성과 성장을 꺾는 결과를 낳습니다.

실수를 대하는 리더의 태도는 조직의 수준을 투명하게 비추는 거울이 됩니다.

실수를 실패로 여기는 문화

직원의 실수를 질책과 문책의 대상으로만 삼는 조직에서는 새로운 시도를 꺼리게 되며, 실수를 딛고 성장할 기회를 놓치게 됩니다. 결국 혁신은 멈추고 조직은 정체됩니다.

실수를 성장으로 여기는 문화

실수했을 때 "이 실수에서 무엇을 배웠나요?"라고 질문하고, 재발 방지를 위한 지혜를 함께 나눕니다. 이러한 문화는 실수를 두려워하지 않는 심리적 안전지대를 만들어주며, 직원들이 계속해서 도전하고 성장하도록 이끌어냅니다.

한 내담자는 중요한 발표 중, 자료의 순서가 뒤섞이는 실수를 저질렀습니다. 당혹감에 얼굴은 붉어졌고 식은땀이 흘렀던 그때, 앞자리에 앉은 팀장이 "괜찮아요, 그럴 수 있어요. 긴장하면 다 그래요. 파이팅!"으로 응원하며 격려해 주었는데요. 덕분에 발표를 무사히 마친 후에도 팀장의 응원은 이어졌다고 합니다. "나도 전에 비슷한 경험이 있어요. 발표하다가 아예 파일을 찾지 못해 진땀을 흘렸던 적이 있거든요. 그럴 때는 잠시 숨을 고르고 양해를 구한 뒤 천천히 이어나가면 됩니다."라며 경험을 나누어주었다고 합니다. 내담자는 이 일을 계기로 실수를 더 이상 피해야 할 위기가 아닌 경험을 쌓아가는 성장의 발판으로 여기게 되었습니다.

'나도 그럴 때가 있어' 실천법

구체적인 경험 공유하기

단순히 "나도 그래."라고 하기보다 "나도 면접 때 비슷한 실수를 했었는데, 그때 정말 식은땀이 났어."와 같이 자신의 구체적인 경험을 덧붙여 말합니다. 이는 누구라도 비슷한 경험을 할 수 있다는 안도감을 주고 서로의 친밀함을 높입니다.

결과보다 과정에 집중하기

상대방의 실수가 어떤 결과를 초래했는지 평가에 중점을 두기보다 그 일을 위한 노력에 초점을 둡니다. "혼자서 도맡아 하느라 고생했어.", "밤늦도록 준비하느라 힘들었지."와 같이 과정에 대한 격려를 먼저 건넵니다. 인정이 따를 때 비로소 결과와 과정을 고르게 볼 수 있는 여유가 생깁니다.

행동으로 보여주기

마음으로 응원하기보다 실수한 상대방에게 차 한 잔을 건네거나 "오늘 고생 많았어요."와 같은 따뜻한 말 한마디를 행동으로 보여줍니다. 마음이 행동으로 표현될수록 관계는 그만큼 깊어집니다.

선제적으로 말하기

상대방이 미안한 마음을 꺼내기 전에, "혹시 걱정할까 봐 말하는데, 전혀 신경 쓰지 않아도 돼."라고 먼저 말을 건네보세요. 이는 상대방에게 큰 위로가 될 뿐만 아니라, 앞으로를 위한 든든한 격려가 됩니다.

우리는 모두 완벽하지 않기에 실수를 합니다. 이때 중요한 것은 실수 그 자체가 아니라, 실수를 대하는 서로의 태도입니다. 실수에 비난을 서두르기보다 관용의 마음으로 다독일 때 배움과 성찰을 얻을 수 있습니다.

기억하세요.

누군가의 인격 앞에

당신의 권한은 제한되어 있다는 것을.

직급, 역할 등의 사회적 꼬리표를 떼어내고

너그러이 그 사람과 마주하세요.

마음을 여는
라포 대화법

대화를 나누다 보면 업무적인 정보만 오가다 끝나는 경우도 있지만, 어떤 사람과는 잠시만 이야기를 나눠도 마음이 편해집니다. 이는 상대방과 '라포Rapport'를 잘 형성했기 때문입니다. 라포는 서로에게 마음을 열어 친밀감을 쌓아가는 과정을 의미합니다. 이는 상대방과 편안하게 대화하고 진정한 소통을 이어가는 데 꼭 필요한 '대화의 문'과 같습니다.

라포가 잘 형성되면 상대방은 솔직하게 자신의 감정이나 생각을 꺼내기가 편합니다. 이는 피상적인 대화에서 벗어나 관계를 한 걸음 더 옮기는 부드러운 안내가 됩니다. 마치 '함께해요'라고 손길을 내미는 것과 같습니다.

특히 첫 만남에서 라포를 형성하는 것은 매우 중요합니다. 라포 대화법을 잘 구사하는 사람은 상대방에게 '편안하고 친절한 사람'이라는 인상을 줍니다. 이는 대화가 잘된다는 느낌을 주기에 첫 만남부터 호감을 형성합니다. 또한 심리적인 장벽을 낮출 수 있어 처음 대면하는 자리의 어색함을 줄일 수 있습니다. 라포는 상대방에게 관심과 존중을 받고 있다는 인식을 주고, 자신에게는 관계를 이끄는 만족감을 줍니다. 이는 소통에서 결코 빼놓을 수 없는 중요한 기술입니다.

라포를 잘 형성하는 방법

미러링Mirroring 기술 활용

상대방의 언어나 비언어적 행동을 거울처럼 따라 하는 방법입니다. 이는 무의식적인 동질감을 형성하여 심리적인 벽을 허무는 데 도움이 됩니다.

언어적 미러링 : 상대방이 자주 쓰는 단어나 말투를 자연스럽게 사용해 보세요. "정말 괜찮을까요?"라고 물으면, "네, 정말 괜찮을 거예요."라고 답하는 식입니다.

비언어적 미러링 : 상대방의 자세, 표정, 제스처를 유사하게 따라 합니다. 단, 너무 노골적으로 따라 하면 상대방이 불편함을 느낄 수 있으니 세심한 주의가 필요합니다.

오픈 퀘스천Open Question 던지기

단답형 질문(Yes/No) 대신 상대방이 자신의 생각이나 감정을 자유롭게 말할 수 있도록 개방형 질문을 합니다.

닫힌 질문 : "오늘 회의 힘들었지."

열린 질문 : "오늘 회의에서 어떤 점이 가장 힘들었어?" 또는 "회의하면서 어떤

생각이 들었어?"

💬 라포 형성 시 주의점

• 과장된 모방은 금물

상대방의 행동을 과도하게 따라 하면 오히려 오해를 살 수 있습니다. 자연스럽게 맞춰가는 것이 중요합니다.

• 진심 없는 관심은 독

형식적인 질문은 가식으로 느껴지기 쉽습니다. 짧은 질문이라도 진심을 담아 말합니다.

• 상대방의 불편함을 감지하기

상대방이 불편해한다면, 즉시 미러링을 멈추고 오직 경청에만 집중합니다.

• 선 넘지 않기

지나치게 개인적인 질문은 부담을 줍니다. 상대의 반응을 살피며 적절히 속도를 맞추도록 합니다.

라포를 여는 상황별 대화법

라포를 형성하는 대화의 핵심은 상황을 촉진하는 대화를 통해 상대방의 마음을 편안하게 해주는 데 있습니다.

새로운 동료와의 점심시간

피해야 할 대화 : "오늘 점심 메뉴 별로네요. 회사 근처엔 갈 데가 없더라고요." (부정적인 시작)

라포 대화 : "오늘 점심 어떠세요? 덕분에 편안하게 식사한 것 같아요. 다음에는 제가 아는 곳도 소개해 드릴게요."

팀 회의 중 어색한 분위기

피해야 할 대화 : "모두 조용하네요. 할 말 없으세요?" (압박하는 태도)

라포 대화 : "오늘 준비하시느라 고생 많으셨죠? 특히 ○○ 님께서 준비해 주신 자료 덕분에 내용을 이해하기가 훨씬 수월했습니다."

고민을 털어놓는 친구와의 대화

피해야 할 대화 : "그건 네가 잘못했네. 그렇게 하면 안 되지." (섣부른 판단과 조언)

라포 대화 : "정말 속상했겠다. 나에게 이야기해줘서 고마워. 네가 얼마나 힘들었을지 마음이 쓰이네."

고객과의 첫 미팅

피해야 할 대화 : "본론부터 말씀드리겠습니다." (사무적인 태도)

라포 대화 : "귀한 시간 내주셔서 감사합니다. 혹시 오시는 길은 불편하지 않으셨나요? 근처에 괜찮은 곳이 있는데 다음엔 그곳에서 뵙고 싶네요."

라포는 인간관계의 시작이자 핵심입니다. 편안함과 즐거움을 주는 대화는 누구에게나 기분 좋은 일이며, 이는 다음 만남에 대한 기

대로 이어집니다. 말 한마디로 관계의 문이 열리기도 하고 단단히 닫
히기도 하는 것처럼, 관계는 '말'에 노력이 실릴 때 가까워지고 깊어
집니다.

—

당신이 들은 말 중에
긴장이 사라지면서 기분이 스르르 좋았던
그 마법 같은 말, 세 가지를 적어보세요.

오늘, 처음 만나는 그분에게
똑같이 들려주세요.

공통점을 찾아 질문하기

대화는 단순히 정보를 주고받는 것을 넘어 관계의 깊이를 더하는 과정입니다. 이때 어떤 질문을 던지는가에 따라 대화의 방향과 깊이가 크게 달라집니다. 우리는 자기 이야기를 편안하게 할 수 있는 사람에게 친밀감을 느낍니다. 공감대가 형성되면 평소 꺼내지 않던 이야기도 자연스럽게 나누게 되고, 서로에 대한 이해의 폭도 커집니다.

공감대를 끌어내기 위한 질문은 상대방의 관심 주제에 초점을 둡니다. 이때 상대방은 자신의 이야기를 편안하게 꺼내놓으며 심리적인 안정감을 느끼게 됩니다. 공통의 주제로 공감대가 형성되면 상대에 대한 호감도 커지고, 대화 자체가 즐거워집니다.

간혹 많은 질문이 오갔음에도 서로가 참 다르다는 생각이 들 때가 있습니다. 한 내담자는 소개팅에서 준비한 질문을 다 했지만 분위기만 더욱 어색해졌다고 합니다. 우리는 자신과 유사한 사람에게 편안함을 느끼고, 공통점이 많을 때 매력을 발견합니다. 많은 질문을 쏟아내기보다 서로의 공통점을 찾아가는 질문이 관계의 거리를 좁히는 데 훨씬 효과적입니다.

친밀감을 높이는 공통점 찾기

사람들과 친해지기 위해 이것저것 질문을 던지는 것은 오히려 상대방에게 부담을 주어 대화를 기피하게 만들 수 있습니다. 친밀감을 높이고 싶다면 '공통점을 찾는 질문'을 활용해 보세요. 상대방의 관심사에 '나도 같은 궁금증과 관심이 있어요'라는 뉘앙스를 담는 방식입니다. 이는 대화를 일방적인 정보 교환이 아닌, 상호적인 감정 교류로 발전시킵니다.

공통점을 찾는 질문은 상대방이 어떤 이야기를 할 때, "저도 전부터 궁금했어요."처럼 관심을 기울이며 시작합니다. 이는 상대방에게 '이 사람이 나와 관심사가 같구나', '내 직업이나 취미를 긍정적으로 봐주는구나'라는 인상을 줍니다. 공통의 관심사를 발견하면 '유사성 효과Similarity-Attraction Effect'에 의해 서로를 더 가깝게 느낍니다. 우리는 자신과 비슷한 면이 있는 사람에게 매력을 느끼는 경향이 있습니다. 따라서 대화의 시작을 공통점에서 찾으면 서로에 대한 경계심을 낮추고 보다 편히 대화의 문을 열 수 있습니다.

공통의 관심사를 나누면 대화는 더욱 풍성해집니다. 상대방이 "저는 혼자 하는 여행을 좋아해요."라고 말한다면, "저도 언젠가 혼자 여행을 가보고 싶어서 요즘 여행지를 찾고 있어요. 어디가 좋을까요?" 혹은 "저도 혼자 가는 여행을 좋아하는데요, 어느 여행지가 가장 좋으셨나요? 다양한 코스에 도전해 보고 싶어서요."와 같이 구체적인 질문을 통해 상대방의 관심사에 귀를 기울이면, 대화는 한결 편안하고 유연하게 흘러갑니다.

관심과 공통사를 찾는 질문법

공통의 관심사는 대화의 물꼬를 트고 공감대를 형성하는 가장 좋은 주제입니다. 다음은 상대방의 관심사를 자연스럽게 끌어낼 수 있는 질문법입니다.

취향을 묻는 질문으로 대화 촉진하기

"주말에 뭐 하셨어요?"라는 평범한 질문에 이어 "혹시 요즘 즐겨 보는 드라마나 영화 있으세요?"라고 묻는 것은 상대방의 취향을 이해하고 공통의 관심사를 발견하는 데 도움이 됩니다.

'어떻게' 질문 활용하기

상대방의 답변에 대해 "그 일을 어떻게 시작하게 되셨어요?", "처음에는 어떻게 배우셨나요?"라고 묻는 것은 상대방의 경험에 대한 깊은 호의를 보여줍니다. 이는 상대방이 자신의 열정이나 가치관에 관해 이야기하도록 이끌어 공감대를 자연스럽게 형성합니다.

공통점 찾기 질문 시 주의점

질문은 대화를 풍부하게 만들지만, 잘못 사용하면 오히려 역효과를 낼 수 있습니다. 다음은 질문의 효과를 높이기 위해 유념해야 할 세 가지 원칙입니다.

1. 답정너 질문 피하기

질문에 이미 당신의 판단이나 원하는 답이 정해져 있는 경우입니다. "그 정도면 당연히 화나지 않나요?" 같은 질문은 상대방의 감정을 단정 지어버립니다. 질문은 항상 열려 있어야 하며, 상대방이 자신으 감정을 자유롭게 표현할 수 있도록 여백을 두어야 합니다.

2. 질문 후 경청하는 태도

인터뷰를 하듯 질문만 쏟아내고 상대방의 답변에 귀 기울이지 않으면 대화는 피곤한 응답이 됩니다. 질문을 한 후에는 상대방의 대답을 끝까지 듣고, 그에 맞는 반응을 보이도록 합니다. 진심으로 듣는 대화는 질문의 가치를 높입니다.

3. 개인적인 영역 존중하기

상대방이 준비가 안 된 상태에서 경계를 넘어서는 질문은 피해야 합니다. 가정사, 경제적 상황, 종교 등 예민한 주제는 상대방이 먼저 이야기를 꺼내기 전까지 묻지 않도록 합니다.

공통의 관심사를 찾는 질문은 상대방과의 유대감을 강화하고, 대화를 더욱 풍성하게 만듭니다. 여러 관점과 관심사, 직업이 지닌 매력, 그 속에 담긴 입체적인 정보들을 통해 세상을 살아가는 우리의 다양

성을 발견해 봅니다. 공감대를 형성하며 대화의 깊이를 더하는 시간
은 서로에게 한 걸음 더 다가가는 기분 좋은 시작이 될 것입니다.

———

자신을 가볍게 내던져보세요.
즐겁게 사람들과 교감해 보세요.
호감을 표현해 보세요.

맞아요. 더 즐거워지세요.

금쪽같은 경청의 힘

대화에서 '경청Active Listening'은 단순한 듣는 행위를 넘어, 상대방의 말에 담긴 의미와 감정을 깊이 이해하려는 적극적인 태도입니다. 경청이 부족하면 상대방은 '내 이야기는 중요하지 않구나'라는 생각과 함께 소외감을 느끼거나 무시당한다는 인상을 받을 수 있습니다. 이는 관계의 단절로 이어지는 중요한 원인이 되곤 합니다.

경청은 상대방이 말하는 내용뿐만 아니라, 그 안에 숨겨진 감정과 의도, 그리고 배경까지 살피는 일입니다. 이는 피상적인 대화를 넘어, 서로를 깊이 이해하는 진정한 소통으로 이끕니다. 경청하는 태도는 '나는 당신을 존중한다'라는 강력한 메시지를 전달합니다. 상대방은 당신과의 대화에서 심리적 안정감을 느끼고, 이는 곧 깊은 대화로 나아가는 부드러운 디딤돌이 됩니다.

한 내담자는 회사에서 겪은 힘든 일을 상대에게 털어놓았습니다. 하지만 상대는 스마트폰을 만지작거리며 "아, 힘들었겠네. 그래서 점심 뭐 먹을까?"라고 건성으로 대답했습니다. 자신의 감정이 무시당했다는 생각에 내담자는 큰 실망을 느꼈고, 결국 "내 말 듣고 있는 거야?"라며 화를 내고 말았습니다. 상대는 "그냥 말해. 다 듣고 있어." 라며 끝내 귀를 기울이지 않았습니다. 이러한 일이 반복되자 그녀는 '이 사람은 나에게 관심이 없구나'라며 깊은 소외감을 느꼈고, 결국 이별을 택했습니다. 이처럼 경청의 부재는 관계를 무너뜨리는 보이지 않는 담벼락이 됩니다.

경청을 방해하는 원인 : 팝콘 브레인 현상

경청은 타고나는 능력이 아닌, 의식적인 노력을 통해 길러지는 습관입니다. 경청을 방해하는 주요 원인은 다음과 같습니다.

할 말만 생각하기

상대방이 말하는 동안 다음에 무슨 말을 할지 구상하느라 정작 눈앞의 이야기에 집중하지 못하는 경우입니다. 이는 대화의 맥락을 놓치게 할 뿐만 아니라, 상대에게 '내 말을 듣고 있는 걸까'라는 의구심이 들게 합니다.

섣부른 판단과 조언

상대방의 이야기를 듣기도 전에 자신의 경험에 비추어 판단하고, 성급한 조언을 꺼냅니다. "그건 이렇게 하면 돼."라며 문제해결만 제시하는 대화는 상대의 감정을 무시하는 결과를 초래합니다. 이는 대화가 깊어질 기회를 차단하고 관계를 멀어지게 만듭니다.

자기중심적 행동

대화의 중심을 항상 자신에게 두려는 태도입니다. 상대방의 이야기가 시작되자마자 "나도 거기 가봤는데."라며 화제를 가로채는 것은, 상대를 이해하려는 마음보다 자신을 드러내고 싶은 욕구가 앞서기 때문입니다.

빠른 자극에 익숙해진 뇌

스마트폰과 숏폼 영상 등 디지털 기기의 빠르고 강한 자극에 학습된 뇌는 현실 세계의 느리고 잔잔한 자극인 대화에 쉽게 집중하지 못합니다. 팝콘이 터지듯 강렬한 자극에 반응하는 '팝콘 브레인Popcorn Brain' 현상은 경청을 방해하고, 긴 대화를 지루하게 느끼게 하는 소통의 무능을 초래합니다.

경청 근육을 키우는 7일 미션

경청은 꾸준한 연습으로 단련되는 마음의 근육입니다. 7일간의 미션을 통해 듣는 힘을 키워봅니다.

1~2일 차 : 준비 단계

대화 중 스마트폰을 멀리하고 시선이 분산되는 요소를 차단하세요. 주의가 흐트러질 때마다 이야기를 2초 더 듣고자 노력합니다. 최소 첫 2초 동안 시각적(아이컨택), 청각적(감탄사 등) 피드백을 통해 주의를 집중해야 뇌가 아이들링Idling 상태에서 벗어나 '능동적 경청 모드'로 전환됩니다.

3~4일 차 : 반응 단계

상대방이 말할 때 고개를 끄덕이거나, "아하!", "그렇군요." 같은 짧은 추임새를 넣어 응답합니다. 이때 자신의 말은 최대한 아끼는 것이 핵심입니다.

5~6일 차 : 요약 단계

상대의 이야기가 끝나면 핵심을 되물어보세요. "그러니까 ~때문에 힘들었다는 말씀이시죠?"와 같은 요약은 당신이 경청하고 있다는 강력한 신호가 됩니다.

7일 차 : 연결 단계

상대의 감정선을 따라가며 당신의 솔직한 감정을 '나 전달법'으로 표현해 보세요. 대화는 서로의 감정이 공유될 때 이해의 폭이 넓어집니다. 경청은 소리 너머로 마음의 닻을 내리는 소통입니다.

경청을 잘하는 사람은 단순히 듣는 것을 넘어 상대방에게 그대로 머뭅니다. 세심하게 마음을 쓰며 '나'보다 상대가 시간을 쓰도록 공간을 내어봅니다. 대화의 주도권을 잠시 내려놓고 가만히 함께해보세요. 타인의 경험과 마음을 듣는 것은 다른 사람의 삶을 배우는 것과 같습니다. 이는 스스로를 너르게 하는 귀한 성장이 됩니다.

마음을 열고 귀를 기울여
누군가의 세상을 받아들여 보세요

일단 시작해 보면
곧, 존중이 따라올 거예요.

CLASS 3

관계를 단단하게,
표현의 기술을 익히다

안녕하세요, 먼저 건네는 인사

오늘 당신은 어떤 사람들과 마주했나요? 출근길 아파트 복도에서, 회사 사무실에서, 혹은 동네 상점 앞에서, 우리는 어색함을 피해 고개를 숙이거나 스마트폰에 시선을 고정한 채 서둘러 지나쳐버리곤 합니다. 서로에게 보이지 않는 벽을 쌓는 것에 익숙해져, 서로가 그저 스쳐 지나가는 풍경이 됩니다.

우리는 바쁜 일상에서 누군가 먼저 말을 걸어주기를 바라면서도, 정작 스스로 먼저 용기를 내는 일은 쉽지 않습니다. 하지만 "안녕하세요!"라는 단순한 한마디는 무심했던 관계의 문을 활짝 열고, 상대를 향한 반김과 존중, 따뜻한 관심을 빚어냅니다. 이 짧은 인사는 차가운 공간을 순식간에 다정한 온도로 채웁니다.

저는 낯가림이 심한 내향적인 아이였습니다. 어릴 때부터 먼저 말을 걸거나 다가가는 일이 늘 어렵게 느껴졌지요. 친구들이 먼저 "안녕!"하고 인사해 줄 때면 그제야 마음이 열렸고, 그때마다 저는 먼저 건네는 인사가 얼마나 소중한지 깨달았습니다. 지금은 누구에게든 먼저 "안녕하세요!"라고 인사하며 다가갑니다. 이는 단단한 습관을 바꾸는 즐거움이기도 하지만, 무엇보다 그 인사를 통해 제 기분이 더 좋아지기 때문입니다. 먼저 건네는 인사는 상대의 화답이 없더라도 '나는 이렇게 살아요'라는 삶의 표지이니, 더 많이 표현하며 성큼 다가가 보세요.

먼저 건네는 인사, 관계의 시작

인사는 단순히 형식적인 예의를 넘어, 상대방에게 '당신을 알아차리고 존중합니다'라는 메시지를 전하는 정중한 신호입니다. 먼저 건네는 인사는 능동적이고 친근한 인상을 주며, 소통에 열려 있는 사람이라는 매력을 더합니다. 특히 업무 환경에서는 경직된 분위기를 전환하고 대화의 흐름을 자연스럽게 만드는 낮은 문턱이 됩니다.

한 내담자는 스타트업 팀장이 된 후 과도한 업무로 대화가 사라져 가는 팀 분위기를 바꾸고자 매일 아침 팀원들에게 먼저 인사를 건넸습니다. 처음에는 어색함이 감돌았지만, 그의 꾸준한 인사는 팀 분위기를 바꾸는 결정적인 계기가 되었습니다. 점차 팀원들 사이에서도 인사가 자연스럽게 오갔고, 이는 회의 분위기의 변화로 이어졌습니다. 프로젝트를 성공적으로 마친 후, 한 팀원은 "팀장님의 인사가 우리 팀에 활력을 불어넣어 주었습니다."라며 진심을 알아주었습니다. 바쁜 업무 속에서도 인사 한마디가 팀워크를 잘 붙들어준 뜻깊은 사례입니다.

인사를 건네면 이를 인식하는 상대방의 뇌에서는 도파민Dopamine이

분비됩니다. 이는 쾌감과 동기 부여를 자극하여 긍정적인 상호작용을 지속하게 만듭니다. 또한 불안하거나 긴장된 상황에서 먼저 건넨 인사는 뇌의 편도체 활동을 억제하고 스트레스 호르몬인 코르티솔 Cortisol 분비를 줄여 상대방에게 즉각적인 심리적 안정감을 줍니다.

특히 새로운 환경에서 먼저 건네는 인사는 서로의 긴장을 낮추고 분위기를 밝게 합니다. 한 내담자는 평소 낯선 모임에 나가는 일을 몹시 어려워했습니다. 큰 용기를 내어 참석한 취미 커뮤니티에서 이미 화기애애한 사람들 사이에 섞이지 못하고 어색해하던 찰나, 누군가 다가와 "안녕하세요! 처음 오시느라 힘들지는 않으셨어요? 정말 반가워요."라고 먼저 인사를 건넸습니다. 따뜻한 인사로 마음이 한결 편안해졌고, 새로운 관계를 시작하는 중요한 첫걸음을 잘 내디딜 수 있었습니다. 이처럼 먼저 건네는 인사는 낯선 상황이나 새로운 시작을 잘 딛게 하는 온기 가득한 마당이 됩니다.

상황별 인사말로 하루 시작하기

상황에 맞는 적절한 인사는 하루의 기분을 즐겁게 하고, 서로에게 긍정적인 인상을 남깁니다. 다음은 일상에서 보편적으로 활용할 수 있는 상황별 인사법입니다.

가장 보편적이고 편안한 인사

"안녕하세요?" : 어떤 상황에서든 가장 안전하고 기본적인 인사입니다. 처음 만나는 사람부터 매일 마주치는 이들까지, 이 한마디로 존중의 마음을 전해보세요.

"좋은 아침입니다!"/"좋은 하루 보내세요!" : 긍정적인 에너지를 전달하고 싶을 때 좋습니다. 활기찬 인사는 상대의 하루를 깨우고, 당신의 인상을 호감으로 바꿉니다.

시간과 공간을 나누는 인사

"점심 식사는 맛있게 하셨어요?"/"퇴근 잘 하세요!" : 상대방의 현재 상황에 관심을 표현하는 인사입니다. 직장 동료나 가까운 분들에게 건네면 정겨운 유대감이 쌓입니다.

"날씨가 참 좋네요!" / "비가 많이 오네요!" : 날씨로 인사를 나누면 자연스럽게 대화의 문을 열 수 있습니다. 매일의 날씨를 인사에 활용해 보세요. 가벼운 안부를 묻거나 다음 대화를 잇는 부드러운 시작점이 됩니다.

친밀감을 높이는 인사

"별일 없으시죠?"/"잘 지내셨어요?" : 이미 아는 사이에서 안부를 묻는 인사입니다. 꾸준한 관심은 관계를 더 단단하게 돈독하게 만듭니다.

"오셨어요?"/"다녀오셨어요?" : 상대방의 동선에 맞춰 건네는 가벼운 환영입니다. 편안하고 친근한 분위기를 열어줍니다.

비언어적 인사

가벼운 목례와 미소 : 복도나 엘리베이터처럼 스쳐 지나가는 순간에 효과적입니다. 굳이 말을 건네지 않아도 눈을 마주치고 살짝 미소 짓는 것만으로 상대는 자신에 대한 존중을 느낍니다. 이러한 태도는 당신을 '예의를 잘 갖춘 사람'으로 각인시키는 보이지 않는 언어가 됩니다.

인사, 즐겁게 받아주세요

인사를 건네는 사람의 마음만큼 그 인사를 잘 받는 태도도 중요합니다. 이는 상대방의 노력에 화답하고 존중을 표하는 암묵적인 사회적 약속입니다. 한 동료는 복도에서 마주치는 학생들의 인사를 예사로 넘기다, 어느 날부터 "고마워요.", "좋은 하루 보내요!"라고 밝게 웃으며 인사했습니다. 그 작은 변화는 긍정적인 기분뿐만 아니라 학생들과의 소통에서도 즐거움을 더했습니다. 저 또한 몇 해 전, 수업을 위해 바쁘게 복도를 지나던 중 한 교직원으로부터 "안녕하세요!"라는 인사를 받았습니다. 서로 모르는 사이였지만, 같은 공간에 있는 누군가에게 마음을 여는 그 모습은 무척 인상적이었습니다. 그날 이후 저 역시 누구를 마주치든 먼저 인사를 건네기 시작했습니다. 오히려 어색한 채 버티는 것보다 훨씬 편하고 기분은 몇 배로 좋았습니다. 인사의 가치를 되새긴 뜻깊은 순간이었습니다.

인사에 화답하는 구체적인 실천법

눈을 마주치고 미소 짓기

가장 중요한 비언어적 메시지입니다. 상대방의 눈을 바라보며 짓는 부드러운 미소는 '당신의 인사를 기쁘게 받았습니다'라는 기분 좋은 응답이 됩니다.

긍정적인 말로 피드백하기

"네, 안녕하세요!" 또는 "반갑습니다!"와 같이 간결하고 명료한 표현으로 화답해 주세요. 이는 상대방의 노력을 귀하게 여기는 태도입니다.

고개를 가볍게 끄덕이거나 목례하기

복도나 엘리베이터 등 스쳐 지나가는 상황에서 유용합니다. 말 없이도 상대방의 존재를 인지하고 있음을 보여주는 정중한 신호입니다. 단, 표정은 부드럽게 유지해 주세요. 자칫 근엄하게 보일 수 있습니다.

하던 일을 잠시 멈추기

인사를 받을 때 하던 일을 잠시 멈추고 상대방에게 시선을 두는 것은 인사에 대한 존중의 의미를 전달합니다.

인사를 잘 건네는 것만큼이나 받은 인사에 정성껏 화답하는 태도는 관계의 격을 높입니다. 하루를 여는 인사, 반갑게 맞이하는 화답, 수시로 마주치는 이에게 보내는 다정한 눈길은 관계를 대하는 태도를 보여줍니다. 기본이지만 점점 사라져가는 '인사 습관'을 당신의 삶에서 넓히고 누려보세요. 애쓰지 않아도 어느 순간 당신은 누군가의 마음에 '좋은 사람'으로 남게 될 것입니다.

———

마음이 아직

어색하고 쑥스러운가요?

"안녕하세요!"라며 한 걸음 다가가 보세요.

상대방의 마음도 따라올 거예요.

장점을 찾아 표현하기

좋은 관계는 저절로 만들어지지 않습니다. 처음에는 호감을 느꼈더라도 관계가 깊어지면 서로의 다양한 면을 비로소 발견하게 됩니다. 이때 상대의 있는 그대로를 수용하지 못하고 차이점에 신경을 쓰기 시작하면, 관계는 어긋나 버립니다. 특히 상대의 한두 가지 면에 집착하여 불만을 키우다 보면, 어느새 단점만이 크게 부각되어 결국 서로 맞출 수 없는 퍼즐처럼 느껴지고 맙니다.

우리는 저마다 세상을 바라보는 고유한 기준이 있습니다. 하지만 이 기준이 완고할수록 자신의 틀에서 벗어난 상대의 모습은 '결핍'으로 비칩니다. 타인의 부족함이 도드라져 보일수록 불만족은 깊어지고, 관계에는 균열이 생깁니다.

얼마 전, 한 내담자는 관계에서 오는 스트레스를 호소하며 이렇게 말했습니다. "시간이 지날수록 사람들의 단점만 눈에 보여요. 친해질수록 실망만 커지니 괴로워요." 이에 그녀에게 2주 동안 주변 사람들의 좋은 면만을 찾아보기를 권했습니다.

몇 주 뒤 다시 만난 그녀는 미처 몰랐던 타인의 장점을 발견했다며 "생각을 어디에 두느냐에 따라 마음이 달라지는 것 같아요. 이제는 좋은 점을 먼저 보려고 노력해요."라고 말했습니다. 이처럼 타인의 좋은 면에 의식적으로 주의를 기울이면, 관계에서 오는 스트레스가 줄고 삶의 질 또한 비약적으로 개선됩니다.

단점만 보이는 확증 편향

다른 사람의 모습에서 부정적인 면만 보게 된다면 스스로 '확증 편향'에 놓여 있는 것은 아닌지 살펴보아야 합니다. 확증 편향이란 자신의 신념에 부합하는 정보만을 받아들이고, 그에 반대되는 정보는 무시하는 심리적 경향성을 말합니다.

우리가 누군가를 한 번 '예민한 사람'이라고 정의 내리면, 이후에는 그 사람의 사소한 행동 하나도 그 틀에 맞춰 해석하며 '역시 그런 사람'이라고 치부해 버립니다. 다른 좋은 면은 보지 못한 채 점점 다른 사람의 단점만 찾게 됩니다. 결국 자신이 쌓아온 '선택적 정보'로 인해 현실을 객관적으로 보지 못하고, 잘못된 판단을 내리거나 중요한 사실을 간과하게 됩니다.

최근 상담한 한 부부는 결혼 몇 개월 만에 갈등이 심화되어 도움을 요청했습니다. 아내는 남편을 '게으른 사람'으로 단정 지으며 물건을 제때 치우지 않거나 약속 시간에 조금만 늦어도 '역시 게을러서 그렇다'라고 여기며 비난했습니다. 남편의 좋은 점을 묻자 아내는 한참을 머뭇거린 후 겨우 장점을 찾아 말했습니다. "결혼 전에는 분명히 보이던 장점들이 이제는 하나도 보이지 않아요." 이는 남편의 장점이 사라진 것이 아니라, 오직 단점만 찾는 아내의 시선이 다른 좋은 면들까지 가려버린 안타까운 사례였습니다.

장점을 찾는 연습

장점을 찾는 과정은 단순히 상대방의 좋은 면을 찾는 것을 넘어, 고르게 보는 사고와 치우지지 않는 태도를 만드는 소중한 시간입니다.

긍정적 관찰 습관 들이기

상대방의 행동이나 말에서 장점을 찾으려고 의식적으로 노력해 보세요. 사소한 행동일지라도 긍정적인 의미를 부여해 봅니다. 좋은 점을 발견하는 습관을 들이는 것은 관계를 바라보는 오랜 관점을 바꾸는 데 큰 도움이 됩니다.

구체적으로 표현하기

장점을 발견했다면, 그 모습을 구체적으로 표현해 보세요. 막연히 "당신은 잘하는 사람이야."라고 말하는 대신, "오늘 발표할 때 어려운 질문에도 차분하게 대답하는 모습이 정말 인상적이었어요."와 같이 말해봅니다. 이는 상대방의 자존감을 높이고 긍정적인 자기 인식을 심어줍니다.

장점 노트 만들기

가까운 사람의 장점이나 좋은 면을 발견할 때마다 노트에 기록해 보세요. '업무 발표 때 논리적이었다', '회의 때 타인의 의견을 경청하는 태도가 좋았다'와 같이 적어두는 습관은 긍정적인 사고를 키우는 데 도움이 되고, 배울 점을 찾을 수 있어 유용합니다.

장점 인터뷰 해보기

친한 사람과 서로의 장점을 묻고 답하는 시간을 가져보세요. "나의 어떤 점이 좋다고 생각해?" 또는 "나의 장점은 뭐라고 생각해?"와 같은 질문을 통해 상대방의 시선에서 본 자신의 좋은 면을 찾고, 그 장점을 더 키우기 위한 방법을 나눠봅니다.

단점을 장점으로 바꿔 생각하기

단점처럼 보이는 면을 다른 관점에서 바라보는 연습을 해보세요. '말이 많다'는 '활발하고 표현이 적극적이다'로, '결정이 느리다'는 '신중하고 꼼꼼하다'로 바꿔 생각할 수 있습니다. 이러한 사고의 전환은 타인을 더 깊고 다양하게 이해하는 힘이 됩니다.

한 번 단점을 보기 시작하면 끝없이 불만을 쫓게 됩니다. 이는 관계를 망치는 해로운 습관이 됩니다. 반면에 좋은 면에 집중하면 그 사람의 잠재력을 발견하고 더 나은 성장을 돕게 됩니다. 이는 관계에서 오는 스트레스를 줄이는 데도 효과적입니다. 단점만 볼 것인지, 장점을 찾을 것인지는 모두 자신의 선택에 달려 있습니다.

―

오늘 세상에 아름다움을 보탤

두 가지 행동을 선택해 보세요.

· 그 사람의 장점을 찾아 표현하기

· 내가 찾은 장점을 두 번 이상 되새기기

지금, 곁에 있는 사람부터 보세요.

당연한 부락은 없다

인간관계에서 부탁이나 요청을 할 때 청유형 화법을 사용하는 것은 매우 중요합니다. '같이 ~ 할까요?'와 같이 상대방의 의사를 묻는 이 화법은 단순히 부탁을 넘어, 선택권을 주는 존중의 의미가 담겨 있습니다.

청유형 화법으로 "이것 좀 해줘."라는 명령 대신 "지금 같이 해볼까요?", "도움을 부탁드려도 될까요?"라고 말하면, 상대방은 요구가 아닌 요청으로 받아들이게 되면서 심리적 수용이 커집니다. 청유형 대화는 선택을 자율적으로 할 수 있다는 의미를 담고 있기에 심리적 부담을 줄이고 거절의 의사를 낮춰줍니다.

그런데 어릴 때부터 명령형이나 단정적인 말투에 익숙해진 경우, 부드러운 제안을 어색하게 느낄 수 있습니다. 또한 '부탁을 거절당하면 어쩌지?'라는 불안이 있거나 평소 부탁에 익숙지 않다면 누군가에게 요청하는 일 자체가 어려울 수 있습니다. 하지만 오랜 습관보다 효율적인 대화가 더 중요합니다. 요청이 필요할 때는 청유형 화법을 정중하게 사용해 보세요. 그래야 필요한 제안과 부탁을 유연하게 할 수 있습니다.

'~해도 될까요?' VS '~하면 안 될까요?'의 심리적 차이

상대방에게 요청할 때 "이것 좀 해주면 안 될까요?", "이거 사면 안 될까?"와 같이 부정 의문문을 사용하는 경우가 있습니다. 이러한 요청은 듣는 사람에게 묘한 부담감과 함께 '내가 언제 안 된다고 했나?'라는 오해를 불러일으키기도 합니다.

"이거 사도 될까?"와 "이거 사면 안 될까?"는 단어 하나 차이지만, 말에 실리는 심리적 효과는 상당히 다릅니다. "~ 해도 될까?"(긍정형)는 상대방의 동의를 구하며 결정을 존중하는 태도를 담고 있습니다. 반면 "~ 하면 안 될까?"(부정형)에는 거절을 예상하는 불편함이 섞여 있습니다. 이러한 미묘한 차이가 소통에 영향을 주고, 사소한 부탁에도 오해를 불러일으킬 수 있습니다.

한 내담자는 자신감 부족으로 부탁하는 것을 어려워했습니다. 늘 거절당할까 봐 가까운 친구에게도 망설이다, 결국 "발표가 있는데 도와주면 안 될까? 많이 불편한 건 아니지?"라고 물었습니다. 친구가 "그냥 도와달라고 말해도 괜찮아. 나 안 불편해."라고 대답하자 그녀는 화법을 고치기로 마음먹었습니다. 이후 도움이 필요할 때, 그녀는 청유형 화법으로 "혹시 내일 발표 때 자료 정리 도와줄 수 있을까?"라고 물었습니다. 친구는 "그럼! 도와줄 수 있지."라며 흔쾌히 답했습니다. 이 경험을 통해 그녀는 청유형 화법의 중요성을 깨달았고, 주변과의 대화에서 점차 자신감을 되찾았습니다.

💬 일상에서 자주 사용하는 두 표현

"~해도 될까요?"(긍정형)와 "~하면 안 될까요?"(부정형)는 미묘한 차이로 상대방의 마음을 움직입니다. 몇 가지 비교를 통해 그 심리적 차이를 살펴보겠습니다.

"나, 먼저 밥 먹어도 될까?" vs "나, 먼저 밥 먹으면 안 될까?"

"청소 도와줄 수 있을까?" vs "청소 도와주면 안 될까?"

"회의 시간을 바꿀 수 있을까요?" vs "회의 시간을 바꾸면 안 될까요?"

"나, 이 옷 사도 될까?" vs "나, 이 옷 사면 안 될까?"

"오늘 일찍 퇴근해도 될까요?" vs "오늘 일찍 퇴근하면 안 될까요?"

두 표현의 차이가 느껴지시나요? 비슷해 보이는 질문이지만 긍정형은 상대에게 편한 선택권을 주고, 부정형은 방어적인 요구가 포함되니 심리적 저항이나 갈등이 빚어질 수 있습니다.

며칠 전 서점에서 한 연인이 다투는 모습을 보았습니다. 한 분이 책을 가리키며 "나, 이 책 사면 안 될까?"라고 물었고, 상대는 "누가 안 된다고 했어? 항상 말을 그렇게 하더라."라고 나무라며 갈등이 시작되었습니다. 결국 두 사람은 책을 내려놓고 자리를 떠났습니다. 요청의 차이가 감정적 소모로 번지는 상황을 보며 말 습관이 관계에 얼마나 큰 영향을 미치는지 다시 한 번 살피게 되었습니다.

저 또한 유사한 상황을 경험했습니다. 한 지인이 자리를 옮기며 "저쪽 가서 먹을까요?" 대신 "저쪽 가서 먹으면 안 될까요?"라고 말하거나, 자료를 부탁받을 때 "월요일까지 주실 수 있을까요?" 대신 "월요일까지 주시면 안 될까요?"라고 말하는 경우였습니다. 대화를 마치고 나면 '난 안 된다고 한 적이 없는데'라는 아쉬운 여운이 남곤 했습니다.

일상에서 습관이 된 부정형 문장은 대화의 불편을 초래할 수 있습니다. 제안이나 요청을 할 때 청유형 화법을 사용해 보세요. 소통을 즐겁게 하고, 서로의 마음까지도 돌볼 수 있습니다.

'해줘'라고 말하면 안 되는 이유

청유형 화법은 단순히 말을 부드럽게 건네는 것 이상의 긍정적인 효과가 있습니다. 청유형은 상대방이 나의 의사를 존중하며, 거절할 수 있는 선택권을 열어두고 있다는 인상을 줍니다. '내 의견을 편히 말해도 되겠구나'라고 느끼는 상대방은 표현의 자율성을 보장받게 됩니다.

반면 "이것 좀 해.", "이것 좀 해줘요."와 같은 명령형은 듣는 사람에게 강요받는 느낌을 주기에 거부감을 불러일으킬 수 있습니다. 이는 상대방의 상황을 고려하지 않는 일방적인 요구로 느껴져, 대화가 상하 관계에서 이루어지는 듯한 인상을 남깁니다.

💬 **명령문 대신 사용할 수 있는 긍정적인 표현들**

배려와 선택권 부여 : "혹시 시간 괜찮으시면 이 부분 도와주실 수 있을까요?"

부탁하는 이유 설명 : "제가 지금 급한 일이 생겨 부탁드리게 되었습니다. 갑작스러운 요청이니 편히 말씀해 주세요."

고마움 미리 표현 : "이 부분 마무리를 부탁드려도 될까요? 도와주시면 정말 감사하겠습니다."

부탁할 때 상대방을 존중하는 청유형으로 바꾸는 것만으로도, 배려가 깃들어 요청을 수락할 가능성이 높아집니다.

특히, 가족처럼 가깝고 편안한 관계일수록 청유형 화법은 더욱 중요합니다. 가족은 서열이나 역할에 따라 일방향적인 지시가 오가기 쉽습니다. "방 청소 좀 해!", "설거지 좀 해!"와 같은 명령문은 듣는 이에게 강제로 느껴져 심리적 저항을 부를 수 있습니다. 반면, "방 청소 먼저 해줄 수 있을까?", "설거지 부탁해도 될까?"와 같은 청유형은 상대방에게 의사를 묻기에 자발적인 동기가 촉진됩니다.

💬 **가족에게 필요한 청유형 화법**

• **부모와 자녀 간의 대화**

명령형 : "핸드폰 하지 말고 가서 공부해."

청유형 : "공부 다 마치고 나서 기분 좋게 핸드폰 해볼까?"

명령형은 반발심을 일으키기 쉽지만, 청유형은 상대방의 행동을 부드럽게 유도할 수 있습니다.

• 배우자 간의 대화

명령형 : "퇴근하고 오면서 장 좀 봐와."

청유형 : "오늘 퇴근하고 오는 길에 장을 봐줄 수 있을까?"

명령형은 일방적인 인상을 주지만, 상대방의 상황을 고려한 요청은 제안으로 여겨집니다.

• 형제자매 간의 대화

명령형 : "앞으로 내 옷 입지 마."

청유형 : "다음에 내 옷 입을 때 먼저 물어봐 줄 수 있을까?"

명령형은 상대방이 감정적으로 받아들일 수 있지만, 청유형은 요구 사항을 자연스럽게 전할 수 있습니다.

청유형 화법을 위한 다섯 가지 실천법

청유형 화법은 말의 끝을 바꾸는 기술을 넘어 상대방을 존중하는 관계 언어를 배우는 과정입니다. 이를 자연스럽게 사용하기 위한 다섯 가지 실천법을 제안합니다.

1. 명령형 표현 바꾸기

자주 사용하는 명령형이나 단정형 문장을 찾아 청유형으로 바꿔보세요. "이거 해." 대신 "이렇게 해볼까요?" 또는 "이렇게 하세요." 대신 "이렇게 해보는 건 어떨까요?"라고 말합니다. 요구적인 지시는 상대방의 의사 결정을 제한하지만, 의견을 열어두면 결정의 자유를 줍니다.

2. '가능할까요?'로 묻기

"~하면 안 될까요?" 대신 "~하는 것이 가능할까요?"로 바꿔 말해보세요. 질문의 형식을 바꾸는 것만으로도 상대는 수용받는 기분을 느낍니다. "내일 시간 좀 내주면 안 될까요?" 대신 "내일 오후 시간에 뵙고 싶은데 가능하실까요?"라고 말해보세요. 상대방의 상황을 살피는 친절한 표현이 됩니다.

3. '우리'라는 단어를 의식적으로 사용하기

'우리'라는 단어를 문장 앞에 붙이는 연습을 해보세요. 이는 상대방에게 '우리는 한 팀'이라는 소속감을 느끼게 하여, 요청을 능동적으로 고려하게 합니다. "오늘 안에 보고서 마무리 해야 해." 대신 "우리 오늘 안에 보고서 마무리 해보자."라고 말해보세요. '우리'라는 말을 통해 협력과 동등한 가치를 함께 나눌 수 있습니다.

4. 상대방의 의견을 묻는 습관 들이기

제안 뒤에 상대방의 의견을 묻는 것을 잊지 마세요. 이는 내 생각만 강요하지 않겠다는 존중의 표시입니다. "우리 여기 가자." 대신 "우리 여기 갈까? 네 생각은 어때? 다른 곳도 괜찮아."라고 말해보세요. 제안 후에 서로의 의견을 다양하게 수렴하며 선택의 폭을 넓힙니다.

5. 거절의 가능성을 열어두기

청유형 화법의 완성은 상대방에게 선택권을 주는 것입니다. '혹시 어려우시면 말씀해 주세요'라는 배려를 더해보세요. 이는 거절이 관계의 손상으로 이어지지 않을 것이라는 심리적 안정감을 줍니다.

부정형 화법은 불편한 요구가 될 수 있습니다. 무심코 던진 말 한 마디가 관계를 무심하게 만들 수 있다는 사실을 잊지 마세요. 청유형으로 대화를 시작할 때 부탁의 의미가 바로 전달됩니다. 부탁은 정중해질 때, 그 말의 쓰임이 제대로 진가를 발휘합니다.

———

익숙해지면 눈에 보이지 않아요.
매순간,
정중하게 말하고 부드럽게 요청하세요.

분명 이로움이 따라올 거예요.

허세 그만, 더닝-크루거 효과

누구나 자신의 삶에서 성공을 기대하며 살아갑니다. 목표를 향해 나아가며 쌓은 작은 성취감은 '할 수 있다'라는 긍정적인 자기 확신을 심어주며, 이는 다음 도약을 위한 훌륭한 지표가 됩니다.

하지만 성취의 순간에 겸허함을 잃고 확신이 과해지면, 오만이나 그릇된 판단으로 이어질 수 있습니다. 일부 경험만으로 모든 것을 아는 듯 행동하거나 배움을 멈춘다면 타인의 신뢰를 잃기 쉽습니다. 따라서 늘 자신을 돌아보고 경계하는 자세가 필요합니다.

자신의 능력을 과대평가하는 것은 성장의 가장 걸림돌이 됩니다. 부족함을 인식하지 못하면 배우려는 동기 자체가 생기지 않기 때문입니다. 이를 '더닝-크루거 효과Dunning-Kruger effect'라고 합니다. 이는 능력이 부족한 사람이 자신의 실력을 실제보다 높게 평가하는 인지 편향을 말합니다. 눈앞의 벽이 얼마나 높은지 가늠하려면 그 벽을 넘볼 수 있는 시야가 필요한데, 부족함을 인식할 통찰과 식견이 없을 때 이러한 오류에 빠지게 됩니다.

빈 수레가 요란한 더닝-크루거 효과

'더닝-크루거 효과'는 자신의 오류를 인식하지 못하고, 오히려 스스로를 과대평가하는 현상을 설명합니다. 이는 자신을 객관적으로 바라보는 '메타인지meta cognition' 능력이 부족할 때 자주 발생합니다. '내가 아는 것이 정답'이라는 확신에 갇혀 발전의 기회를 닫아버리게 됩니다.

한 내담자는 몇 권의 자기계발서를 통해 얻은 지식으로 유튜브 채널을 시작했습니다. 수려한 말솜씨 덕분에 채널은 빠르게 성장했고, 쏟아지는 찬사는 그에게 '나는 전문가'라는 신념을 심어주었습니다.

인기에 취한 그는 더 이상 공부하거나 조언을 구하지 않았습니다. 깊이 있는 질문을 받으면 화려한 수사와 비유로 지식의 공백을 감추기에 급급했습니다. 결국 영상은 '알맹이 없는 소리'라는 비판을 받기 시작했고, 그는 구독자들이 떠난 뒤에야 자신의 성장이 멈췄음을 깨달았습니다. 제한된 지식과 경험이 만든 과신이 정형적인 더닝-크루거 효과에 빠지게 한 것입니다.

이 효과의 근본 원인은 역설적이게도 지식의 부족입니다. 특정 분야의 깊이가 더해질수록, 자신이 모르는 영역이 얼마나 넓은지 깨닫게 됩니다. 아는 것이 많아질수록 겸손해지는 이유입니다. 그런데 이 함정에 빠진 사람은 스스로를 '다 아는 사람'으로 여기기에, 결국 변화와 성장 모두가 억제됩니다.

앎이 허세가 되지 않게

허세는 실제 모습보다 과장되게 자신을 포장하는 행동입니다. 이는 대개 인정받지 못할 것이라는 두려움과 낮은 자존감에서 비롯됩니다.

이 경우, 자신의 부족함을 감추고 열등감을 극복하기 위해 더 강하고 대단한 사람처럼 보이고 싶어 합니다. '나는 부족하지 않다', '나는 다른 사람들보다 더 뛰어나다'는 것을 증명하고자 애씁니다. 그러나 이러한 갈망은 오히려 타인에게 불편함을 주어 관계에서 멀어지는 원인이 됩니다.

건강한 지식 전달은 정보 공유와 상대방의 이해에 초점을 맞춥니다. 목적이 '도움'에 있기에 "제 경험이 혹시 도움이 될까 하여 말씀드립니다."와 같은 겸손과 배려가 자연스럽게 묻어납니다. 반면, 허세의 목적은 자신의 우월성을 과시하는 데 있습니다. "내가 해봐서 아는데."와 같이 상대방을 가르치려 들거나 자신의 배경과 성과를 뽐내는 데 급급합니다.

허세는 진솔한 관계를 망치는 가림막입니다. 상대방의 말이 과장되었음을 아는 순간, 대화에는 피로감이 쌓이고 신뢰는 무너집니다. 진정성 없는 대화는 회의감을 남길 뿐입니다.

한 내담자는 습관적으로 허세를 부리는 경향이 있어 태도를 바꾸고 싶어 했습니다. 새로운 팀으로 옮긴 그는 기획안을 보며 "이거 제가 다 아는데요, 제가 보기엔 이 프로젝트는 무조건 성공합니다. 해봐서 알죠."라고 말했습니다. 이런 행동이 반복되자 한 팀원은 그에게 "충분히 더 이해하고 나서 말하면 좋겠습니다."라고 피드백을 했습니다. 결국 그는 자신을 과신하여 기초적인 데이터 분석조차 제대로 하지 못해 팀 전체의 업무 효율을 떨어뜨렸습니다. 팀원들 사이에 불신이 쌓였고, 점차 그에게 중요한 일을 맡기지 않게 되었습니다.

자신감과 자만심의 차이

자신감과 자만심은 겉보기에 비슷할 수 있으나, 그 뿌리와 행동 양식은 근본적으로 다릅니다. '자신감Confidence'이 '나의 능력을 믿는 태도'라면, '자만심Arrogance'은 '나의 능력을 과신하는 태도'입니다.

자신감 있는 사람은 아는 것과 모르는 것을 명확하게 구분합니다. 모르는 것을 부끄러워하지 않고 피드백을 통해 성장의 기회로 삼는 '성장형 마인드셋'을 갖추고 있습니다.

반면 자만심에 빠진 사람은 '나는 이미 최고'라는 생각에 갇혀 발전을 위한 노력을 멈춥니다. 타인의 조언을 무시하고, 자신의 의견만 고집하는 태도로 인해, 자신을 고르게 이해하지 못하고 치우친 견해 속에 살아갑니다.

특정 분야의 전문가인 한 지인은 늘 주변을 통해 부족함을 채우려 노력합니다. 그녀는 '배움에는 끝이 없다. 아는 즐거움보다 알아가는 즐거움이 더 크다'고 말합니다. 세상과 바르게 소통하기 위해 지식을 정성껏 담아내는 그녀의 태도는 많은 동료와 후배에게 깊은 존경을 받는 겸손한 미덕이 되었습니다.

진짜 자신감을 키우기 위한 네 가지 실천법

더닝-크루거 효과의 덫에 빠지지 않고 균형 잡힌 자신감을 키우려면, 스스로를 객관적으로 점검하는 노력이 필요합니다.

1. '나는 틀릴 수 있다'는 마음가짐 가지기

자신의 지식과 경험이 전부가 아님을 인정할 때 성장은 계속됩니다. 비판이나 조언을 개인적인 공격으로 여기지 않고 배움의 기회로 받아들일 때 자신감이 바로 세워집니다.

2. 꾸준히 배우고 식견 넓히기

새로운 지식과 다양한 의견을 통해 경험을 넓힙니다. 지식과 경험이 깊어질수록 모르는 영역이 방대함을 깨닫게 되며, 이러한 겸손함은 자신의 한계를 넘는 소중한 자산이 됩니다.

3. 구체적인 목표와 성과 점검하기

막연한 자신감을 경계하고, 구체적인 목표를 세워 성과를 객관적으로 검토합니다. 성적, 프로젝트 결과물, 실무 시뮬레이션 등을 통해 자신의 현재 능력을 파악하고, 보완할 부분을 단계별로 수립합니다. 이때 '내가 얼마나 잘하는가'보다 '내가 무엇을 성장시켜 나갈지'에 초점을 둡니다.

4. 피드백을 구하고 수용하기

신뢰할 수 있는 멘토나 동료에게 자신의 역량과 태도에 대한 피드백을 구하고, 이를 겸허히 수용하는 자세를 갖춰나갑니다. 타인의 객관적인 시선은 자신을 변화시키는 강력한 지원이 됩니다. 다음은 피드백을 청할 때 활용할 수 있는 정중한 표현들입니다.

- **진심으로 조언을 구하고 싶을 때**

"제가 진행하는 업무에 대해 개선할 점이 있다면 솔직하게 말씀해 주시면 감사하겠습니다."

"이번 발표에서 제가 더 보완해야 할 부분이 무엇인지 궁금합니다."

- **상대방의 의견을 정중히 구할 때**

"이 문제에 대해 선배님의 의견을 듣고 싶습니다. 어떤 방향으로 나아가는 게 좋을까요?"

"혹시 제가 미처 살피지 못한 부분이 있다면 편하게 알려주시기 바랍니다. 배우고 싶습니다."

- **객관적인 태도로 피드백을 요청할 때**

"아직 부족한 점이 많습니다. 저의 어떤 점을 보완하면 좋을지 말씀해 주시면 큰 도움이 될 것 같습니다."

"객관적인 시선으로 보셨을 때 필요한 조언이 있다면 부탁드립니다."

솔직한 피드백을 구하고 타인의 의견을 수용하는 태도는 자기 성장의 기반을 다지는 가장 확실한 방법입니다. 진짜 자신감은 자신의 부족함을 겸허히 받아들이고, 지식과 경험을 넓히려는 능동적인 의지에서 시작됩니다.

'빈 수레가 요란하다'는 속담처럼, 우리는 늘 자신을 돌아보며 내가 가진 지식을 겸손하게 사용하고 있는지 혹은 자만심으로 오용하고 있는 것은 아닌지 항시 살펴야 합니다. 타인의 존경은 스스로를 끊임없이 돌아볼 때 자연스럽게 따라오며, 존중받는 삶은 겸손을 배울 때 비로소 채워집니다.

———

필요한 게 다 있는데
왜 굳이 '말'이 밖으로 나와야 할까요.

앎의 상태에 놓인다는 것,
이보다 더 좋은 변화는 없습니다.

고마움,
자세하게 표현할 것

"제가 고맙다는 말을 잘 못해요. 왠지 쑥스러워서요."
"마음은 큰데 말로 표현하려면 잘 안됩니다."

혹시 이런 마음이 드시나요? 많은 분들이 감사를 느끼면서도 표현에는 서툽니다. 하지만 작은 배려에도 "고맙습니다."라고 말하면, 그 한마디로 서로의 기분이 금세 밝아집니다. 이때 한발 더 나아가 "당신의 행동이 나에게 이런 도움을 주었어요."와 같이 구체적으로 받은 마음을 돌려드립니다. 이는 서로에게 심리적 보상이 되어 감사의 순간이 더욱 깊어집니다.

요즘은 메신저로 가벼운 선물을 보내는 일이 흔합니다. 가벼운 감사 인사도 좋지만, 마음을 전한 사람은 '조금 더한' 표현을 들을 때 기쁨이 배가 됩니다. 얼마 전, 한 지인이 메시지를 들여다보며 연신 미소를 짓기에 이유를 물었더니 "아니, 별일 아닌 일에 이렇게 메시지가 오니 기분이 좋네요."라며 상대가 보낸 내용을 보여주었습니다.

그 메시지에는 "보내주신 쿠폰 감사합니다. 마침, 기분 전환이 필요했는데, 역시 최고예요! 잘 마시겠습니다."라고 적혀 있었습니다. "고마워요."라는 말이 때로 습관적인 인사처럼 들릴 수 있다면, 구체적인 표현은 상대방에게 더 큰 심리적 만족감을 선사합니다.

반대로, 최근 한 내담자는 엄마와의 소통에서 깊은 서운함을 느꼈습니다. 고심 끝에 생신 선물을 드렸지만, 엄마의 짧은 "고마워."와 시큰둥한 반응에 마음이 닫힌 것이죠. "다음에는 선물을 안 살 거예요. 며칠 전부터 선물 고르느라 고민했는데⋯."라며 한참을 속상해했습니다. 만약 엄마가 "네가 엄마 생각해서 이 립스틱을 골랐구나. 평소에 내가 립스틱을 좋아한다고 말했던 걸 다 기억해 줘서 정말 고마워."라고 구체적으로 표현했다면 어땠을까요? 자녀는 자신의 노력이 인정받았다는 생각에 기쁜 마음으로 다음 선물도 즐겁게 준비했을 텐데요. 이처럼 말 한마디는 관계의 깊이를 더하기도 하고, 서로의 거리를 멀리 두기도 합니다.

도움을 받았다면, 더욱 세세하게

우리는 자신의 호의가 상대에게 어떤 영향을 미쳤는지 정확히 알게 될 때, 그 행동이 가치 있었다는 확신을 얻습니다. "네가 정리해 준 내용 덕분에 발표를 훨씬 잘할 수 있었어."라는 말을 들으면, 단순히 '도와줬다'는 사실을 넘어 '상대에게 실질적인 유익'을 주었음을 체감하게 됩니다. 이러한 만족감과 보람은 도움을 준 이로 하여금 추후 더 큰 호의를 베풀게 하는 좋은 동기가 됩니다.

깊이 있는 감사가 주는 가장 큰 이점은 심리적 보상에 있습니다. 이는 자신이 타인에게 필요한 존재라는 '존재 가치'를 일깨우며, 관계 속에서의 오는 만족감을 높입니다.

한 후배는 두 연구원의 일을 도우며 고마움의 무게 차이를 경험했습니다. 자기 일까지 미루며 도운 그에게, A 연구원은 "선배님, 오늘 그 자료에 대한 설명을 자세히 알려주셔서 감사합니다. 평소 궁금했던 내용인데 큰 도움이 되었습니다."라고 구체적으로 마음을 전했습니다. 후배는 보람을 느꼈고, 다음에는 더 세심한 도움을 주어야겠다고 다짐했습니다.

반면, B 연구원은 프로젝트 내내 "감사합니다."라는 짧은 인사뿐이었습니다. 인사를 들었음에도 후배의 마음에는 서운함이 남았고, 결국 도움의 손길을 점차 거두게 되었습니다. 이는 고마움에 깊이가 더해질 때 상대방의 행동 변화가 어떻게 달라지는지를 잘 보여줍니다.

조금만 더 마음을 구체적으로 표현했다면 도움을 준 이는 보람을 얻고, 받는 이는 사회적 지지라는 정서적 안정감을 얻었을 것입니다. 구체적인 감사는 타인의 선의를 내 곁에 머물게 하는 가장 지혜로운 소통법입니다.

💬 고마움에 깊이를 더하는 문장들

고마움을 표현하는 것은 상대방에게 존중과 감사를 전하는 소중한 순간입니다. 누군가 나에게 도움을 주거나 베푼 순간, 다음의 문장들을 활용해 보세요.

- **행동에 대한 감사**

"덕분에 [긍정적인 결과]를 얻었습니다. 정말 고맙습니다.

<u>예시</u> : "덕분에 발표를 무사히 마칠 수 있었습니다. 진심으로 고맙습니다."

"[상대방의 행동] 덕분에 큰 힘이 되었습니다. 정말 감사합니다."

<u>예시</u> : "지난번 자료 정리를 도와주신 덕분에 큰 힘이 되었습니다. 정말 감사합니다."

- **상대방의 성품에 대한 감사**

"당신의 [성격적 강점] 덕분에 제가 많은 것을 배웁니다. 고맙습니다."

<u>예시</u> : "당신의 적극적인 태도 덕분에 제가 많은 것을 배웁니다. 고맙습니다."

"늘 [상대방의 좋은 점] 하는 모습이 저에게 좋은 영감을 줍니다."

<u>예시</u> : "늘 다양한 경험을 들려주시는 모습이 저에게 좋은 영감을 줍니다."

- **상대방의 노력에 대한 감사**

"[특정 상황]을 위해 애써주셔서 정말 감사합니다."

<u>예시</u> : "어제 늦게까지 발표 준비를 위해 애써주셔서 정말 감사합니다."

"마치 내 일처럼 [상대방의 노력] 해줘서 정말 고맙습니다."

<u>예시</u> : "마치 내 일처럼 꼼꼼하게 알아봐주셔서 정말 고맙습니다."

고마움이 커질 때 빛나는 감사 회로

다른 사람에게 감사하는 마음을 자주 표현하고 느낄 때 뇌 속에 '감사 회로Gratitude Circuit'는 빛을 발합니다. 감사 회로란 감정을 느끼고 보상을 처리하는 뇌의 전두엽과 변연계를 연결하는 신경 회로를 말합니다.

우리가 감사함을 느낄 때 이 회로가 활성화되면서 신경전달물질인 '도파민'과 '세로토닌'이 분비됩니다. 도파민은 즐거움과 보상을 느끼게 하고, 세로토닌은 기분을 안정시켜 행복감을 높입니다. 감사하는 마음을 자주 느낄수록 이 회로는 더욱 선명하게 발화하여 더 자주, 더 쉽게 행복을 발견하게 됩니다.

작은 일에도 감사하는 습관은 타인의 사소한 배려에도 '나는 사랑받고 있구나'라는 긍정적인 자기 인식을 높입니다. 이러한 순간들이 쌓이면서 삶은 깊은 의미로 충만해집니다.

💬 감사 회로 발달을 위한 네 가지 실천법

1. 감사 일기 쓰기

매일, 하루 동안 감사했던 일 세 가지를 기록해 보세요. 거창한 일이 아니어도 괜찮습니다. '오늘 날씨가 좋아서 기분이 좋았다', '오랜만에 친구와 웃으며 통화했다' 등 사소한 일도 좋습니다.

2. '감사합니다'를 습관화하기

의식적으로 주변 사람들에게 "고맙습니다."라는 말을 자주 합니다. 택배 기사님, 식당 직원, 엘리베이터 문을 잡아준 사람 등 일상 속 작은 친절에 감사를 표현합니다.

3. 감사 명상하기

눈을 감고 감사의 마음을 전하고 싶은 분이나 순간을 떠올려보세요. 그 대상의 어떤 점에 감사하는지, 그로 인해 내가 어떤 감정을 느꼈는지 천천히 되새겨봅니다.

4. '덕분에' 감사법 연습하기

일상 대화에서 '～덕분에'라는 표현을 의식적으로 사용해 보세요. "네가 도와준 덕분에 일이 빨리 끝났어.", "네가 추천해 준 맛집 덕분에 즐거운 저녁 시간을 보냈어."와 같이 말해봅니다.

바쁘게 살아가는 동안에도 평범한 일상을 감사의 순간으로 만들어보세요. 가만히 살펴보면 단순하게 보고 느꼈던 일들 속에 고마움이 숨겨져 있습니다. 감사하는 마음은 세상을 새로운 눈으로 바라보게 하고, 곁에 있는 사람들이 어떤 의미였는지 더 또렷하게 알게 합니다. 오늘, 소소하게라도 당신의 마음을 표현해 보세요.

———

오늘 고마움에 집중해 보세요.
당신에게 일어나는 작은 일들을 알아차려 보세요.

매일,
사소한 감동을 내 곁에 두세요.

"당신에게 배워요."
존중의 한마디

우리는 모두 관계 속에서 크고 작은 도움을 주고받으며 살아갑니다. 때로는 힘든 감정을 나누며 위로받고, 때로는 기쁜 소식을 공유하며 함께 웃곤 합니다. 하지만 관계를 더욱 단단하고 풍요롭게 만드는 일은 단순히 문제를 해결하거나 감정을 해소하는 것에 그치지 않습니다. 서로의 노력과 성장을 진심으로 알아보고 인정할 때, 그 말은 관계의 깊이를 더하는 결정적인 한마디가 됩니다.

상대방의 노력을 인정하며 존중을 표하는 말은 함께하는 즐거움과 보람을 높여줍니다. 이는 모든 관계에서 놓치지 않아야 할 마음의 양식입니다. 특히 "당신을 통해 배웁니다." 혹은 "항상 많이 배워요."와 같은 말은 서로의 발전을 돕고 교감을 깊게 합니다.

몇 해 전 심리 콘텐츠를 만들 때, 저를 도와주신 PD님께서는 작업을 마칠 때마다 "항상 곁에서 많이 배웁니다."라고 말씀해 주셨습니다. 본인의 수고가 더 컸던 순간에도, 저를 '배울 점이 많은 사람'으로 인정해 주시니 준비하고 노력한 보람이 무척 컸습니다.

'당신에게 배워요'라는 한마디는 단순한 칭찬을 넘어, 상대방을 인정하고 그간의 노고를 헤아리는 강력한 표현입니다. 이 말에는 '당신의 경험과 지식을 소중히 여긴다'라는 의미가 담기기에 상생을 돕는 말의 품격이 됩니다.

"당신에게 배웁니다." 가치를 높이는 말

'당신에게 배웁니다'라는 표현에는 상대방의 가치를 인정하는 진심이 담겨 있어, 단순한 고마움 그 이상의 의미를 지닙니다. 이 말은 자존감을 높일 뿐만 아니라 자신이 축적한 지식과 경험이 가치 있다는 확신을 줍니다. 또한 이 말에 담긴 존중은 상대방을 존경하는 마음을 담고 있습니다. 이러한 표현은 상대방에게 가치 있는 사람이란 뿌듯함을 줍니다. 나아가 이 말은 상대방을 단순히 협력 대상을 넘어, '나를 성장시키는 멘토'로 대우한다는 의미를 전달하기에 관계를 대하는 서로의 태도에 긍정적인 변화를 일으킵니다.

💬 '당신에게 배워요'를 활용하는 상황별 예시

상황에 맞게 구체적으로 배울 점을 찾아 피드백 합니다.

• 동료에게 조언을 들었을 때

"회의에서 복잡한 데이터를 쉽게 설명해 주시는 모습을 보고 정말 많이 배웠습니다. 저도 선배님처럼 논리적으로 소통하도록 노력해야겠어요."

핵심 : 배울 점을 구체적으로 언급하여 상대방의 전문성을 인정합니다.

- **친구의 지혜로운 행동을 보았을 때**

"갈등을 현명하게 해결하는 네 모습을 보며 배울 점이 참 많다고 느꼈어. 나도 너처럼 감정을 잘 다스리고 싶어."

핵심 : 상대방의 인격적인 면모에서 받은 감동을 진솔하게 반영합니다.

- **전문가나 멘토에게 도움을 받았을 때**

"선배님의 피드백 덕분에 문제가 해결됐습니다. 역시 경험에서 우러나온 지혜는 다르다는 것을 다시금 배웁니다."

핵심 : 상대방의 축적된 지식과 경험을 높게 평가합니다.

- **새로운 관점을 얻었을 때**

"덕분에 유익한 정보를 얻었습니다. 당신이 가진 그 관점은 정말 배울 점이 많네요. 감사합니다."

핵심 : 상대방의 고유한 전문성과 안목을 인정합니다.

배울 점을 찾는 습관이 중요한 이유

사소한 일에서도 '배울 점'을 찾으려 노력하는 태도는 관계를 대하는 관점을 근본적으로 바꿉니다. 이는 자신의 부족함을 건강하게 인식하게 하며, 상대를 단순한 타인이 아닌 나의 성장을 돕는 동력으로 바라보게 합니다. 이러한 관점을 가진 이들은 인간관계를 고정된 상태로 보지 않습니다. 대신 서로의 노력에 따라 얼마든지 발전할 수 있는 역동적인 과정으로 이해합니다. 상대방에게 배울 점이 있다고 믿는 태도는 관계를 성숙시키는 결정적인 계기가 됩니다. 상대의 좋은 태도를 통해 자신의 행동을 개선해 나가는 과정은, 결국 관계의 개선을 넘어 자기 자신의 삶을 유려하게 다듬는 잠재적 힘이 됩니다.

배울 점을 찾는 실천법

배울 점을 찾는 것은 단순한 호의를 넘어, 자신과 타인의 성장을 동시에 이끌어냅니다. 이를 위해 일상에서 다음과 같은 방법을 실천해 보세요.

면밀히 관찰하기

상대방이 문제를 해결하는 방식, 새로운 아이디어를 도출하는 과정, 감정을 다스리는 태도 등을 유심히 관찰해 봅니다. '저 사람은 상황 대응을 이렇게 하는구나' 같은 구체적인 방법을 자연스럽게 습득할 수 있습니다.

존중을 담아 질문하기

"어떻게 그런 생각을 하셨나요?", "그 지혜는 어떻게 얻으셨나요?"와 같이 상대방의 경험을 배우고 싶다는 마음을 담아 질문하세요. 지식을 존중하는 질문은 상대방의 마음을 여는 동시에 관계를 더욱 풍요롭게 만듭니다.

역지사지 마인드

　상대방의 입장에서 그들의 노력과 의도를 깊게 이해하려 노력합니다. 그 행동이 어떤 배경에서 비롯되었는지 헤아리는 과정에서 겉으로 드러나지 않았던 새로운 배울 점을 발견하게 됩니다.

　타인과의 관계에서 상대의 부족과 한계에 초점을 둘 것인지, 혹은 내가 바라는 점을 찾아 배워나갈 것인지를 결정할 수 있는 사람은 오직 자신 뿐입니다. 관계의 성숙은 타인을 통해 내가 성장할 수 있을 때 지혜를 품은 삶이 됩니다.

———

이 세상은 홀로 움직이지 않아요.
지금 이 순간,
당신 곁의 모든 이로부터
제대로 보고, 듣고, 배울 기회를 자신에게 주세요.

조언이 비수가 되지 않게

인간관계에서 조언은 양날의 검과 같습니다. 상대방을 위하는 진심이 담겨 있어도, 전달 방식에 따라 깊은 상처를 남기는 '비수'가 될 수 있습니다. 이는 조언이 가진 힘만큼이나 신중함이 필요하다는 뜻입니다. 상대방의 상황이나 감정을 충분히 이해하지 못한 채 일방적으로 조언을 건네면, 상대방은 존중받지 못한다고 느껴 전보다 더한 상처를 입을 수 있습니다.

조언이 상처가 되지 않으려면 말의 내용보다 전달하는 방식에 더 마음을 써야 합니다. 주관적인 판단을 앞세우기보다 진심으로 상대방을 위하는 마음이 먼저 닿아야 합니다. 조언이 의견을 넘어 참견이나 지시가 될 때, 이는 오래도록 마음에 남는 상처가 될 수 있습니다. 핵심은 상대방의 감정을 존중하며, 문제해결을 돕는 '조력자의 역할'에 충실하는 것입니다.

조언의 본질은 상대방의 성장을 돕는 데 있습니다. 스스로 답을 찾을 수 있도록 곁에서 안내할 때 조언의 진가가 잘 드러납니다. '조언_{助言}'은 글자 그대로 '깨우쳐 도움을 주는 말'입니다. 통찰을 통해 부족한 점을 '깨우치는' 것에 더해, 실질적인 도움이 되는 부분까지 세심히 살펴야 그 본뜻을 온전히 이룰 수 있습니다.

상처를 남기는 독이 되는 조언

조언이 상처가 되는 가장 큰 원인은 상대방의 감정을 살피지 못하는 말에서 비롯됩니다. "너 그러다 후회해.", "그렇게 하면 당연히 안 되지.", "내 말대로 해봐, 그게 정답이야."와 같은 말은 상대방의 감정을 배재한 채, 오직 자신의 관점만 제시하는 자기중심적 견해입니다. 이런 말을 들으면 상대방은 자신을 취약하게 느끼며 '내가 비난받고 있구나'라는 생각에 수치심이나 분노, 좌절감을 느끼게 됩니다.

조언을 구하는 사람은 이미 힘든 심정을 내놓고 있습니다. 이때 판단이 앞선 조언을 들으면 자신의 감정은 중요하지 않고, 오로지 문제점만 찾는다는 생각이 들 수 있습니다. 따라서 누군가가 조언을 청하면 상대방의 이야기에 경청하며 "정말 힘들었겠다.", "얼마나 애썼는지 알 것 같아."와 같이 마음을 헤아리는 노력을 기울입니다.

한 내담자는 오랜 시간 공들여 준비한 프로젝트가 무산되면서 큰 상실감과 무력감을 느꼈습니다. 위로받고 싶은 마음에 평소 의지했던 선배에게 이 사실을 털어놓았지만, 선배는 이야기를 듣자마자 이렇게 조언했습니다. "네가 너무 순진하게 생각한 거 아니야? 회사 일은 원래 그래. 다음부터는 뭘 구상할 때 그런 식으로 하지 마. 내가 그

때 말했잖아. 다 단계가 있는 거라고." 이 말을 들은 내담자는 의욕을 잃고 자신감마저 낮아졌습니다.

이 조언의 문제점은 무엇일까요? 선배는 내담자의 상실감이라는 감정에는 전혀 마음을 기울이지 않았습니다. 대신 곧바로 문제의 원인을 내담자 탓으로 돌렸습니다. 자신의 고충을 이해받고 싶었던 내담자는 공감도, 실질적인 대안도 없는 이 대화에서 '내가 잘못해서 이렇게 된 게 맞구나'라는 자책과 무력감만 느꼈습니다. 결국 내담자는 더 이상의 대화를 포기하고 마음의 문을 닫았습니다.

💬 조언이 비수가 되는 순간

- **이미 지난 결과만을 지적할 때**

  "네가 그때 그렇게 했어야지."와 같이 노력은 무시한 채 결과만을 지적하면, 상대방은 무기력과 좌절감을 느낄 수 있습니다.

- **공감 없이 해결책만 쏟아낼 때**

  상대방의 감정은 외면한 채 "그럴 시간이 있으면 차라리 이렇게 해."라고 해결책을 강요하면, 상대방은 자신의 마음을 이해받지 못한다고 느낍니다.

- **'너는 틀렸고, 나는 맞아'라는 태도**

  자신의 경험을 절대적인 정답으로 믿으며 상대방의 선택을 틀렸다고 단정하는 순간, 조언은 비난이 됩니다.

• 과거의 실수를 되풀이하여 들춰낼 때

지나간 잘못을 다시 언급하며 조언의 근거로 삼으면, 상대방은 자신의 실수를 다시 재확인하며 무능감과 모욕감을 느끼게 됩니다.

경험을 나누는 조언이 중요한 이유

조언은 '지시'가 아닌 경험을 공유하는 형태로 전달하는 것이 좋습니다. 결과만을 지적하거나 해결책만 내세우면 이를 강요로 받아들여 심리적 부담과 압박을 느끼기 쉽습니다. 반면, 경험을 나누는 방식은 상대방이 조언을 실질적인 도움으로 인식하게 하여, 스스로 문제를 해결하려는 의지를 북돋웁니다.

특히 조언하는 사람의 나이나 직급이 높을 경우, 조언은 '이렇게 해야 한다'는 지시로 다가오기 쉽습니다. 따라서 조언이 강요가 아닌 참고 의견으로 전달될 때, 상대방은 심리적 안정감을 얻고 자신의 결정을 내리는 데 더 확신을 가질 수 있습니다.

조언을 마칠 때는 "이건 내 생각일 뿐이니, 결정은 네가 편한 대로 하면 돼."라고 덧붙여봅니다. 이는 조언하는 사람과 받는 사람 사이의 수직적인 관계를 허물고, 상대방의 결정을 존중하는 의미를 담아냅니다.

상대방에게 선택의 자율성을 주는 이 한마디는 조언에 담긴 선의를 온전히 전하는 힘이 됩니다.

💬 성장을 돕는 조언의 예시

좋은 조언은 상대방의 상황을 존중하고, 문제해결을 위한 선택지를 제시하며, 그가 스스로 성장할 수 있도록 안내합니다.

• 목표 달성을 위한 조언

"처음부터 완벽을 기하기보다 일단 시작한 뒤 조금씩 보완해 나간다면 훨씬 수월하게 접근할 수 있을 거예요."

<u>핵심</u> : 심리적 부담을 덜어주어 즉각적인 행동을 유도합니다.

"목표를 너무 크게 잡기보다 작은 단계를 나누어 실행해 나가면 자신감이 생기실 거예요."

<u>핵심</u> : 막연함을 구체화하여 성취감을 경험하게 합니다.

• 문제해결을 위한 조언

"만약 다른 사람이 당신에게 똑같은 고민을 털어놓았다면 어떤 조언을 해주고 싶나요?"

<u>핵심</u> : 제3자의 관점에서 상황을 객관적으로 바라보며, 스스로 해결책을 찾게 돕습니다.

"이 일을 진행하는 데 있어 가장 큰 걸림돌은 무엇이라고 생각하세요? 그것만 해결해도 나머지는 순조롭게 풀릴 거예요."

<u>핵심</u> : 방해요인 탐색을 통해 실행 능력을 높여줍니다.

• 동기 강화를 위한 조언

"실패를 두려워하지 않는 용기가 정말 멋져요. 그 마음가짐이면 분명 좋은 성장을 이룰 거예요."

핵심 : 의지와 태도를 지지하며 성장 동기를 강화합니다.

"지금까지 이뤄낸 성과도 충분히 훌륭합니다. 여기서 한 단계 더 도약하기 위해 지금 가장 필요한 것은 무엇일까요?"

핵심 : 그간의 노력을 먼저 인정한 후, 다음 목표를 향한 동기를 부여합니다.

조언은 스스로 보지 못하는 부분을 비춰주는 거울이자 나아가야 할 방향을 안내하는 나침반과 같습니다. 누군가가 걸어온 경험과 지혜는 두 발로 설 수 있는 용기와 위로를 줍니다. 지혜로운 조언을 건네는 마음도 소중하지만, 이를 기꺼이 받아들이고 행동으로 옮길 때 매일의 일상은 새로운 삶이 됩니다.

———

누군가의 영혼에 친절을 베푸세요.
절망에 빠져 있을 때 안아주세요.

목표를 향해 앞으로 나아갈
믿음과 연료가 생깁니다.

동기 부여,
응원이란 이런 것

말은 때로 관계에 상처를 남기기도 하지만 서로의 마음을 깊이 이해하고 보듬어주는 따뜻한 힘을 지닙니다. 말이 다정하고 친절할 때 우리는 비로소 위로를 얻으며, 오래도록 억눌렸던 감정도 그 순간 사라집니다. 누구나 힘이 되는 격려를 필요로 합니다. 용기를 얻기 위해 혹은 내가 올바르게 나아가고 있다는 확신을 얻고 싶어서일지도 모릅니다. 이때 누군가가 넉넉히 마음을 열어 힘을 북돋워준다면, 앞을 향해 한 걸음 더 나아가게 됩니다.

제아무리 노력해도 일이 뜻대로 풀리지 않을 때가 있고, 최선을 다하지 못한 것 같아 후회가 밀려오기도 합니다. 부족해 보이는 자신을 비난하고, 가야 할 길이 멀다는 생각에 힘이 빠지기도 합니다. 스스로에게 불만이 쌓이면 모든 것이 어긋나는 것 같아 두렵고, 이미 무언가를 이루었다면 그것을 잃을까 봐 불안해집니다.

이 모든 순간, 마음을 일으켜주는 한마디를 듣는다면 얼마나 든든하고 고마울까요? 마음이 힘들고 지칠 때 나를 단단하게 붙들어주는 말을 듣는다면 그 관계 또한 자연스럽게 깊어지고 단단해질 겁니다. 특히 어려운 시기에 듣는 진심 어린 한마디는 역경을 딛고 나아갈 힘을 줄 뿐만 아니라, 그 관계 속에 깊은 신뢰와 고마움이 깃들게 합니다.

'힘내'라는 말보다 더 중요한 말

마음을 일으키는 말은 거창할 필요가 없습니다. 오히려 평범하고 진솔한 말에 더 강한 힘이 실릴 때가 많습니다. 누군가 나를 믿고 지지한다는 확신은 외부의 어려움에 시련에 맞설 심리적 보호막이 됩니다. '너는 할 수 있어'라는 격려의 말은 자신의 능력에 대한 믿음인 자기효능감을 높이고, 이는 '노력하면 해낼 수 있다'라는 자기 동기를 강화합니다.

힘이 되는 한마디는 특정한 위기의 순간에만 필요한 것이 아닙니다. 상대방의 어려움을 미리 살피는 격려는 '나는 혼자가 아니구나'라는 깊은 위안을 줍니다. 나아가 실패와 좌절을 겪을 때 건네는 한마디는, 매서운 현실을 피하지 않고 마주보게 하는 강력한 동기가 됩니다. 이처럼 곁에서 보내주는 지지는 시련 속에서도 나를 잃지 않게 다시금 마음을 붙들어주는 소중한 삶의 지침이 됩니다.

저는 어린 시절부터 할머니께 "널 믿는다."라는 말을 자주 들었습니다. 사소한 일에도 구체적인 이유를 들어 칭찬해 주시며 "이 모습이 있으니 분명 좋은 일이 생길 게다."라고 말씀해 주셨습니다. 어른이 되어 마음이 지칠 때면 믿음을 보여주신 말씀들이 떠오릅니다. 그럴 때면 '나는 할 수 있어', '나는 할머니의 믿음!'이라는 마음으로 다시 저를 일으켜 세웠습니다. 할머니는 오래전 작고하셨지만, 제 마음속에는 여전히 동기를 부여해 주시는 영원한 멘토로 살아계십니다.

응원의 메시지는 부정적인 생각의 굴레에서 벗어나게 하고, '잘할 수 있을 거야'라는 믿음은 실제 행동으로 옮길 수 있는 원동력이 됩니다. 특히, 장점을 찾아 동기를 부여하면 듣는 사람에게 '나는 충분히 가치 있는 사람'이라는 깨달음을 줍니다. 이는 자기 비난에 빠져 있던 사람의 관점을 전환해, 자신을 긍정적으로 바라보게 만듭니다. 단순히 "힘내."라고 말하는 것보다, "그동안 네가 쏟은 노력을 알고 있어. 정말 대단해. 포기하지 않는다면 분명 좋은 결과가 있을 거야."와 같이 구체적인 행동과 노력을 인정하며 격려할 때, 그 말은 자기 부정을 딛고 미래를 향한 선택을 하도록 돕는 의사결정의 힘이 됩니다.

부부 상담을 신청한 내담자는 결혼 후 육아와 가사에 전념하며 '더 이상 성장하지 못하고 있다'는 무력감에 깊이 빠져 있었습니다. 남편은 아내의 답답함을 눈치챘지만, 적절한 위로를 찾지 못해 침묵이 길어지면서 갈등은 깊어졌습니다. 상담 과정에서 남편은 아내에게 이렇게 말했습니다. "여보, 나는 당신이 얼마나 유능한 사람인지 알아. 전부터 듣고 싶어 했던 그 강의, 이번에 꼭 시작해 봐. 아이들은 내가 돌볼 테니 당신만의 시간을 가져. 당신이 좋아하는 일을 할 때 가장 빛나는 사람이라는 걸 잊지 마. 당신의 도전을 끝까지 응원할게."라고 말이죠.

아내는 남편의 진심 어린 격려에 큰 용기를 얻었습니다. 오랫동안 바라던 공부를 시작하며 자신의 능력을 재확인했고, 결국 성공적인 재취업을 이뤄냈습니다. 이 사례처럼 정성을 담은 동기 부여는 삶의 질문들과 자기 의심을 정면으로 마주할 수 있는 용기를 줍니다.

다른 사람에게 동기 부여를 잘하는 방법

동기 부여는 무작정 "힘내! 정말 대단해!"라고 말하는 것보다 훨씬 더 섬세한 접근이 필요합니다. 다음은 효과적으로 동기를 부여하는 방법들입니다.

결과보다 과정을 칭찬하기

"정말 대단하다!" 같은 칭찬은 순간적인 기쁨을 주지만, "그렇게 꾸준히 노력하는 모습이 정말 멋져."와 같이 노력의 시간을 인정해 주세요. 경험을 소중하게 여기도록 돕고, 결과로 자신을 판단하지 않도록 이끕니다.

구체적인 행동을 언급하기

"넌 최고야."라는 막연한 칭찬보다 "네가 복잡한 문제를 그렇게 침착하게 해결하는 모습에서 정말 많이 배웠어."처럼 구체적인 행동을 언급합니다. 상대방은 자신의 어떤 행동이 긍정적인 평가를 받았는지 정확히 알게 되어 자신감을 얻습니다.

성장 가능성에 초점 맞추기

"넌 이미 충분히 잘하고 있어."라는 말도 좋지만 "이번 경험을 통해 네가 얼마나 성장했는지 보여. 다음에는 더 많은 일을 해낼 수 있을 거야."와 같이 상대방의 미래의 가능성을 격려합니다. 이는 실천하는 행동이 삶을 어떻게 확장시킬 수 있는지 인식하게 돕습니다.

과거 성공 경험을 상기시키기

"이것도 못해?"라는 비난 대신 "지난번 어려운 프로젝트도 끈기 있게 해냈잖아. 그때처럼 하면 돼. 분명 잘 해낼 수 있어."라고 말합니다. 상대방이 난관에 부딪혔을 때, 과거의 성공을 떠올리게 하는 것은 '나에게는 이미 이겨낼 능력이 있다'는 사실을 일깨워주는 가장 분명한 동기 부여가 됩니다.

살다 보면 예기치 못한 시련을 마주하게 됩니다. 이 상황을 누군가가 보내고 있다면 조금 더 확실한 격려의 말을 해주세요. 어떤 일이 일어났는지, 어떤 감정을 느끼는지, 어떤 생각에 갇혀 있는지 관심을 기울여보세요. 당신의 격려와 응원은 걱정과 실망에 머문 마음을 치유할 강력한 처방전이 됩니다. 말은 인간관계를 '생生'하는 시금석과 같습니다. 오늘 당신의 건넨 따뜻한 말은 삶의 격조를 더하는 빛이 되어 자신에게 고스란히 돌아올 것입니다.

———

누군가의 이야기를 듣는 것만으로도

힘이 솟는 기분!

바로 오늘,

그 선물을 줄 수 있어요.

고마움을 지우는
생색내는 말

다른 사람을 돕고 나서 생색을 내면 선한 의도로 시작한 행동의 가치가 반감되거나 오히려 관계를 망치게 됩니다. 도움은 본질적으로 순수한 마음에서 비롯될 때 가장 큰 의미를 갖기 때문입니다. 하지만 생색을 내는 순간, 그 순수함은 사라지고 '대가'를 바라는 행위로 변질됩니다. 상대방은 "받았으니 뭔가 돌려줘야 하나?"라는 부담감이나 "순수한 호의가 아니라 생색을 내기 위한 목적이었구나."라는 실망감을 느끼게 됩니다. 이는 감사함 대신 불편함과 불쾌함을 남깁니다.

상대방의 노력을 알면서도 생색을 내는 모습을 마주하면, 선의는 오해로 변하고 '차라리 받지 말 걸 그랬다'는 후회마저 싹트게 합니다.

생색내기가 반복되면 상대방은 당신을 '진심으로 돕는 사람'이 아닌 '무언가를 바라고 행동하는 사람'이라고 인식하게 됩니다. 이는 결국 신뢰를 깎아 먹고 관계를 무너뜨리는 결과를 초래합니다. 도움의 영향력보다 관계에서 오는 피로감이 더 커지기 때문입니다. 진정한 도움은 억지로 꾸며내지 않은 자발적인 감사를 이끌어냅니다. 대가를 바라지 않는 담백한 배려야말로 타인의 마음속에 당신의 자리를 깊고 단단하게 만드는 길입니다.

어느 내담자의 이야기입니다. 그녀는 남편보다 퇴근이 빨라, 집에 오면 청소부터 해야 마음이 편했다고 합니다. 그런데 그때마다 남편이 자신의 수고를 잘 몰라주는 것 같아 기분이 늘 상했습니다. 남편은 집에 오면 "집 청소했네? 집이 깨끗하니 정말 좋다."라며 콧노래를 불렀지만, 아내는 듣고 싶은 말이 따로 있었기에 결국 "내가 이렇게 청소를 해놓으면 잘했다고 말 좀 해줘. 일 끝나고 집에 와서 청소까지 싹 하는 게 얼마나 힘든 일인 줄 알아! 나니까 이렇게 하는 거야!"라며 짜증을 내고 말았습니다.

이처럼 생색은 노력의 효과를 반감시키고 관계의 갈등을 야기합니다. 만일 노력에 대한 인정을 원한다면 "나 오늘 정말 열심히 했지? 칭찬해 줘."라거나 "집이 깨끗하니까 좋지? 노력을 알아주니 좋네."라고 말하며 상대방에게 필요한 칭찬을 요청합니다. 서로에게 필요한 칭찬이 무엇인지 알려주고, 그 칭찬이 당신의 기분에 어떤 긍정적인 효과가 있는지 설명하는 일은 무척 중요합니다. 서로가 좋아하는 칭찬을 알려주세요. 아무리 가까운 사이라도 모든 감정을 다 짚어서 헤아릴 수는 없습니다. 이는 피곤한 물음이 아니라, 관계를 돌보는 건강한 소통입니다. 정서적 교감은 절로 이루어지는 것이 아니라, 수고가 많을 때 점차 깊어집니다. 나아가 자신의 행동을 스스로 칭찬해 보세요. "난 역시 깔끔해.", "청소를 싹 하니 참 좋다."라며 자기 격려를 한다면, 상대방에게 바라는 기대 욕구는 줄어들고 자기 만족은 높아질 것입니다. 내 감정을 먼저 돌본 후, 상대방에게 원하는 말을 요청해 보세요. 내가 살피지 못한 나의 감정은 상대방도 살피기 어렵습니다.

인정 욕구를 잘 다루려면

인정 욕구는 누구에게나 있는 자연스러운 마음입니다. 하지만 이를 '생색'으로 표출하면 자발적인 인정은 사라지고, 상대방은 누군가의 욕구를 맞추는 데서 오는 관계 피로감에 소진됩니다. 인정 욕구를 건강하게 다루려면 상대방의 반응과는 무관하게 스스로 누군가를 돌보는 가치에 의미를 둡니다. 만일 도와준 마음을 상대가 알아주길 원한다면, 그가 자연스럽게 고마움을 느끼도록 오히려 격려를 더해보세요. 우리는 누구나 배려받고 싶어 합니다. 배려로 인정의 욕구를 대신할 때, 자연스럽게 인정받고 존중받게 될 것입니다.

오래전 후배 A는 동료와의 관계에서 오는 스트레스로 도움을 요청했습니다. 프로젝트를 진행하는 동안 동료 B는 A를 도와주고도 매번 "내가 너 급하다고 밤 11시까지 남아서 이거 다 해줬어. 내 개인 시간 다 날렸으니. 다음부터는 미리미리 좀 해."라고 말했다고 합니다. 이 말을 들은 A는 고마움보다 깊은 불편함을 느꼈습니다. 만일 B가 이렇게 말했다면 어땠을까요? "어제 마무리하느라 퇴근이 좀 늦었네. 그래도 네가 필요한 부분이 다 해결되어 다행이다."라고 말이죠. 이 한 마디는 상대방에게 감정적인 부담을 주지 않으면서도, 자신의 수고를 자연스럽게 전달합니다.

말의 표현을 어떻게 하는가에 따라 상대방은 당신의 노력을 '인정해 줘야 하는 의무'가 아닌 '인정하고 싶은 마음'으로 받아들입니다. 진정으로 인정받고 싶다면 자신의 노력을 '알아달라'고 요구하기보다 '자연스럽게 드러나도록' 만드는 지혜가 필요합니다. 그래야 상대방은 당신의 노고에 진심으로 감사하게 됩니다.

인정 욕구를 건강하게 표현하는 방법

인정 욕구를 '건강한 자기 표현'으로 바꾸면 유연하게 자신의 노력을 충분히 인정받을 수 있습니다.

감정을 솔직하게 표현하기

직접적인 칭찬 요청 대신, 당신의 노력을 담백하게 표현해 보세요.

생색 : "내가 아니었으면 이 일 못 끝냈을 거야."

건강한 표현 : "프로젝트를 위해 밤늦게까지 자료를 찾아봤는데, 좋은 결과가 나와 정말 보람 있네요."

과정과 경험의 형태로 드러내기

노력을 과시하기보다 그 과정에서 느낀 경험을 공유하세요.

생색 : "그게 얼마나 어려운 일인지 너는 모를 거야."

건강한 표현 : "해보니 정말 쉽지 않은 일이더라. 이런 부분들이 특히 어려웠지만 배운 점도 많았어."

공동의 성과로 돌리기

자신의 노력을 드러내면서도 상대방과 함께 이뤄낸 결과임을 강조하세요.

생색 : "내 조언대로 하길 잘했지?"

건강한 표현 : "내 조언을 끝까지 경청하는 모습에서 나도 많이 배웠어. 좋은 협업이었어."

결과를 통해 가치를 증명하기

자신이 들인 노력이 만든 긍정적인 변화에 집중해 보세요.

생색 : "이거 내가 어렵게 한 일이야. 아무나 이렇게 못 해."

건강한 표현 : "내 노력이 좋은 결과로 이어져서 다행이야. 다음에도 언제든 편히 말해줘. 나에게도 정말 뜻깊은 시간이었어."

자신의 행동을 증명해 보이려고 애쓰기보다 스스로 타인을 돌본 마음을 인정하며 자기 만족을 깊게 해보세요. 다른 사람을 위한 선한 행동은 당신을 스스로 좋은 사람으로 만들고, 그 모습은 홀연히 드러나 누군가의 귀감이 될 것입니다.

———

조용히 머리를 받쳐주세요.

내 손이 닿는 곳이 편안해지도록

이미 지닌 훌륭한 덕목을 실천하면서

삶을 아름답게 누리세요.

"도와줄 일 없나요?"
배려의 시작

도움이 필요해도 선뜻 말하지 못하는 분들이 많습니다. '나 때문에 번거로워하면 어쩌지?', '내 힘든 모습을 보이는 게 싫다'는 마음 때문입니다. 이때 누군가 먼저 "뭐 도와줄 일 없을까요?"라고 물어봐준다면, 상대방은 단순히 도움을 받는 것을 넘어 큰 위안을 얻습니다. 자신의 어려움을 알아봐주고 손을 내밀어준 그 마음 자체가 오래도록 따뜻한 기억으로 남기 때문입니다. 이 한마디는 '나는 혼자가 아니구나'라는 안도감을 주며, 그 말만으로도 큰 힘이 됩니다.

저 또한 동료들이 "뭐 도와줄 일 없어?", "도움 필요하면 언제든 얘기해요."라고 말할 때마다 일의 스트레스가 가벼워지고, 무엇보다 이해받는 기분이 들어 든든해지곤 합니다. 혼자서는 감당하기 어렵다고 느꼈던 무게 앞에서 누군가 기꺼이 곁을 내어주겠다고 하면 심리적인 압박감이 덜해집니다. 설령 구체적인 도움을 주고받지 못하더라도, 그 말에 실린 지지는 언어 이상의 가치로 남습니다.

도움을 건네는 손길, 결국 나를 돕는 말

　도움을 주는 행동은 받는 사람뿐 아니라 주는 사람에게도 긍정적인 자기 인식의 변화를 가져옵니다. 누군가 혼자 어려움을 헤쳐나갈 때, 선뜻 손길을 내민 그 모습은 진심이 되어 상대의 가슴에 깊이 새겨집니다. 기대치 못한 순간에 마주한 당신의 호의는 상대에게 감동이 되고, 그 감동을 지켜보는 당신의 마음에는 '잘했다'는 뿌듯함이 자리할 것입니다.

　학창 시절 회장을 맡았던 제 친구는 며칠 밤을 새워 행사를 준비준비하며 극심한 스트레스에 시달리고 있었습니다. 혼자서는 역부족인 상황임에도 친구는 겉으로 '괜찮다'고 말했지만, 점점 지쳐가는 모습이 제 눈에는 선명하게 보였습니다. 저는 말보다 행동으로 마음을 전하기로 했습니다. 다음 날 제게도 중요한 일이 있었지만, 친구에게 "오늘 밤은 내가 옆에서 자료 정리를 도와줄게."라고 말하며 아침까지 곁을 지켰습니다. 행사를 무사히 마친 후, 친구는 "네가 옆에 있어준 덕분에 버틸 수 있었어. 정말 고마워."라고 말해주었습니다. 그 말에 저는 친구에게 도움을 주었다는 뿌듯함과 함께 말로 다 표현할 수 없는 깊은 유대감을 느꼈습니다. 저의 행동은 친구에게 힘이 되었고, 제게는 돈독한 우정을 다지는 소중한 경험이 되었습니다. 그날 이후로 그 친구는 제가 힘들 때마다 가장 먼저 달려와주는 더없이 든든한 인생의 울타리가 되어주었습니다.

　한 내담자는 과도한 업무 스트레스로 고민하던 중, 옆자리 동료가 먼저 "표정 보니까 힘들어 보이는데, 제가 도울 일 없을까요?"라고 물었다고 합니다. 잠시 망설였지만 그는 동료의 도움으로 당면한 문제를 무사히 해결할 수 있었습니다. "그 말 한마디에 고민이 눈 녹듯 사라졌어요. 혼자 끙끙 앓을 필요가 없다는 사실만으로도 정말 큰 위안을 받았습니다."라고 말하며 이후 어느 날, 그 동료가 아파서 업무를 마칠 수 없게 되자 늦게까지 남아 도움을 되돌려주었습니다.

하버드대학교에서 발행한 〈인생성장 보고서Harvard Study of Adult Development〉에 따르면, 행복 지수가 높은 사람들은 일상의 사소한 순간에도 도움을 나누고, 그 경험을 의미있게 되새기는 태도를 보인다고 합니다. 경제적 조건과 상관없이 이타심은 개인의 '삶의 질'을 결정짓는 핵심 요소였습니다. '선한 영향력'이란 거창한 행동에서 나오는 것이 아닌, 조용한 손길을 통해 거창해집니다. '선助'은 본디 그 자체로 선하여, 무엇을 그리 덧대지 않아도 깊어집니다. 관계에서든 삶에서든 그러합니다.

자연스럽게 도움을 건네는 말

누군가를 도울 때, 어떤 말을 건네는가는 매우 중요합니다. 말 한마디가 도움의 의미를 더 깊게 만들고, 받는 이의 마음을 편안하게 해주기 때문입니다. 다음은 자연스러운 도움의 말들입니다.

상대방의 감정에 공감하기

상대방의 감정을 먼저 읽어주고, 그가 처한 상황을 이해하는 마음을 보여주세요.

예시 : "혼자서 하려니 좀 막막하시죠? 제가 도와드릴게요."

부담 없이 선택권을 주기

상대방에게 선택권을 주어 도움 받는 부담감을 줄여주세요.

예시 : "마침 제 시간이 좀 남는데, 혹시 괜찮으시면 제가 이것 좀 도와드릴 수 있을까요?"

'함께'라는 의미 강조하기

'우리가 함께 해결하자'라는 협력의 의미를 전달하세요.

예시 : "혼자 하기 힘드셨죠? 같이 하면 금방 끝낼 수 있을 것 같아요. 함께해요."

상대방의 노력을 인정하며 돕기

상대방이 이미 노력하고 있다는 사실을 인정하는 말로 시작하세요. 이는 상대방의 자존감을 지켜주면서 도움을 줄 수 있어요.

예시 : "혼자서 여기까지 해내느라 정말 애쓰셨어요. 남은 부분은 제가 곁에서 함께 도와드릴게요."

이런 말들은 도움을 받는 상대방에게 '고마움'을 넘어 '함께하는 우리'를 느끼게 해줍니다. 당신의 따뜻한 한마디가 상대방의 무거운 마음을 덜어주고, 관계를 대하는 당신의 태도와 선택은 당신을 누구보다 특별한 존재로 만듭니다.

도움 행동 이후, 내 삶을 풍요롭게 가꾸는 실천법

타인을 돕는 행동은 상대방뿐만 아니라 자신에게도 큰 기쁨과 만족감을 줍니다. 이 긍정적인 감정을 잘 끌고 와, 내 삶의 결을 한층 더 깊게 만들어보세요.

의미 일기로 마음 챙김

도움을 준 후에 느낀 좋은 감정, 즉 뿌듯함이나 기쁨을 구체적으로 기록해 보세요. 작은 행동도 좋습니다. '오늘 아침에 길을 묻는 어르신을 도와드렸더니 마음이 따뜻해졌다'와 같이 짧게라도 남겨보세요.

실천법 : 오늘 내가 베푼 친절과 그 후의 감정을 기록합니다. 이는 내가 세상을 어떻게 보고, 어떻게 관계를 대하며 살아가는지 보여주는 좋은 지표가 됩니다.

효과 : 자신의 행동이 어떤 긍정적인 결과를 가져왔는지 되새기면, 행동의 의미가 깊어집니다.

관계 가치를 되새기는 시간 갖기

도움을 주고 난 뒤, '누군가를 돕는 일이 내 삶의 가치와 어떻게 연결되는지'를 스스로에게 질문해 보세요. 이 질문은 자신의 내면에 어떤 가치가 있는지, 무엇을 중요하게 여기는지 되새기는 계기가 됩니다.

실천법 : 조용한 시간을 갖고 '나는 ~한 사람이구나'와 같이 자신의 행동에 의미

를 부여하는 문장을 만들어보세요. (예 : 나는 누군가의 어려움을 그냥 지나치지 않는 사람이야., 나는 함께 나누는 가치를 의미 있게 두는 사람이야.)

효과 : 이러한 자기 성찰은 관계 태도를 성숙하게 만드는 내면의 힘이 됩니다.

자신에게 보상하며 선순환 만들기

다른 사람을 도운 후에는 자신에게 작은 보상을 주세요. 자신에게 칭찬 되돌리기, 기분 좋은 휴식이나 좋아하는 책, 맛있는 음식을 선물해 보세요.

실천법 : 선행 후에는 스스로에게 칭찬을 건네거나 기분 좋은 휴식으로 보상해 주세요.

효과 : 긍정적인 행동(도움)과 긍정적인 결과(보상)를 연결할 때, 우리 뇌는 '돕는 행동을 즐거운 습관으로 학습하게 됩니다. 이는 긍정의 자기 개념과 사회적 효능감을 높입니다.

지금 삶에서 누리고 있는 가족과 연인, 친구와 동료의 친절을 당연하게 여기고 있지는 않은지요. 사소해 보이는 정성과 도움들이 우리의 일상을 회복하는 데 얼마나 중요한 역할을 하고 있는지 잊고 살 때가 많습니다. 서로를 향한 선한 행동들이 층층이 쌓여갈 때 그 안에서 배우고 얻는 진심들이 삶을 더욱 아름답게 빚어냅니다.

매우 사소한 일이라도 괜찮습니다.

커다란 마음으로 작은 행동을 실천해 보세요.

온종일,

따뜻한 미소로 지낼 수 있어요.

칭찬도
요령이 필요해

우리는 끝없는 경쟁 속에 살고 있습니다. 모두가 각자의 목표를 달성하기 위해 바쁘고, 타인의 성공을 축하하기보다 자신의 성과를 챙기느라 마음이 급해집니다. 누군가의 성공이 나의 상대적 실패로 느껴지는 구조 속에서, 우리는 진심 어린 응원보다 경쟁심리를 앞세우게 됩니다. 이러한 구도는 서로를 지지하기보다 '나'의 위치를 지키는 데 더 몰두하게 만들며, 결국 어느새 칭찬에 인색해져 갑니다.

칭찬은 상대방의 노력이나 성과에 대한 사회적 보상입니다. 이는 내적 동기를 강화하고, 어려운 상황에서도 포기하지 않게 붙들어줍니다. 하지만 성과에 급급한 환경에 놓이면 칭찬을 '아부'나 '의도가 있는 행동'으로 느끼기도 합니다. 진정성을 의심하고 회의적인 시선으로 바라보는 순간, 칭찬이 지닌 본연의 가치는 가로막히고 관계의 선한 순환은 멈춰버리고 맙니다.

칭찬은 우리의 인정 욕구를 직접적으로 채워주는 가장 효과적인 방법입니다. "잘 정리된 발표 덕분에 회의가 성공적으로 끝났어요.

수고 많았습니다.”라는 말은 자신의 능력이 가치 있다는 자부심을 심어줍니다. 또한 “이번에 준비한 영상 덕분에 발표 내용이 더 명확해졌어. 정말 고생 많았어.”와 같은 격려는 자신의 역량을 확인받는 기쁨이 되어 자신감을 높여줍니다.

자녀의 자존감을 키우는 진짜 칭찬하기

조건부 칭찬은 특정 행동이나 결과를 달성했을 때만 칭찬하는 것을 말합니다. “시험에서 좋은 점수가 나왔네. 잘했어.” 또는 “방 청소를 깨끗하게 했으니 칭찬해 줄게.”와 같은 말은 자녀에게 ‘조건부’로 느껴져 ‘다음번에는 못하면 어떡하지?’라는 불안감과 심리적인 압박을 줍니다. 칭찬의 기준이 항상 ‘결과’에 맞춰져 있기 때문에, 실패하거나 부모의 기대에 미치지 못했을 때의 비난을 두려워하게 됩니다.

특히 부모가 자녀의 행동이나 결과에 따라 사랑을 줄 경우, 자녀는 이를 ‘조건부 사랑’으로 받아들입니다. ‘내가 잘해야만 사랑받을 수 있다’는 생각에 언제든 사라질 수 있는 애정에 불안해집니다. 조금만 부족하게 느껴져도 ‘나는 사랑받을 자격이 없는 사람’이라고 여기며 자신의 존재 가치를 부정적으로 인식하게 되고, 이는 자존감 저하로 이어집니다.

한 내담자는 어린 시절부터 부모의 기대에 맞는 행동을 해야만 칭찬받을 수 있었다고 합니다. 점차 자신의 존재 자체가 사랑받는 것이 아니라, 어떤 성과를 냈을 때만 사랑받는다고 느끼게 되었습니다. 결국 자라는 동안 ‘내가 무언가를 잘하지 못하면 사랑받을 자격이 없다'는 생각을 지우지 못했습니다. 직장 생활에서도 스스로 만족하기 보다 외부의 칭찬에 의존하게 되었고, 결국 칭찬이 없으면 '내가 뭘 잘못했나?'라는 자책에 빠져 동기를 잃고 무기력해졌습니다.

부모가 자녀에게 건네는 칭찬은 단순히 잘한 행동에 대한 보상이 되어서는 안됩니다. 그것은 자녀를 성장기키는 단약이 아니라, 조건부 사랑의 굴레 속에 가두는 극약이 될 수 있습니다. 부모가 자녀의 존재 자체를 수용하며 노력의 과정을 알아줄 때 자존감은 높아지고 타인의 날카로운 평가에도 자신을 단단하게 지킬 수 있으며, 스스로 자신을 돕는 성장을 멈추지 않게 됩니다.

💬 자녀의 존재와 과정을 칭찬하는 좋은 말

• "노력하는 모습이 정말 멋져."

결과에 도달하기 전, 목표를 향해 나아가는 발걸음을 먼저 보듬어주세요. 이 말은 '성공해야만 가치가 있는 것이 아니라, 노력하는 과정 자체로 이미 충분히 훌륭하다'는 믿음을 심어줍니다.

• "즐거워하는 모습이 보기 좋아."

행동의 성과가 아닌 '즐거움'이라는 감정에 주목해 주세요. 자녀는 타인의 시선에서 벗어나 자신의 내면 동기게 따라 자유롭게 느끼는 법을 배우게 됩니다.

• "끈기 있게 문제를 해결해 가는 모습이 대단한 걸!"

성공 여부보다 끝까지 몰두하는 태도를 칭찬하세요. 인내는 문제해결에 필요한 자연스러운 과정임을 알게 됩니다.

- **"다른 사람을 배려하는 마음이 정말 예뻐."**

자녀의 인격적인 면모를 귀하게 여겨주세요. 착한 행동의 결과가 아닌 그 행동을 가능하게 한 따뜻한 본성에 초점을 맞추세요. 자신의 선한 의지를 칭찬받은 아이는 배려심이라는 가장 높은 인성을 덕목으로 갖추게 됩니다.

- **"있는 그대로의 모습이 사랑스러워."**

자녀의 모습을 존재 자체로 사랑하고 인정해 주세요. 이는 무언가를 잘하지 못해도 사랑받을 수 있다는 정서적 안정감을 주고, 자존감을 높여줍니다.

잠재력을 억제하는 성과주의 칭찬

우리는 흔히 행동을 어떤 결과나 성과로 평가합니다. 그러다 보니 행동이 기대에 미치지 못하면 그 과정과 정성은 이내 무시되고 맙니다. 칭찬은 선택적으로 주어지고, 실패가 주는 깨달음을 배울 기회는 점점 사라집니다. 성과주의에 기반한 칭찬은 당장 단기적인 성과를 유도할 수는 있지만, 장기적으로는 구성원의 잠재력을 억제하고 불안감을 키웁니다. 이는 '실수하면 안 된다'는 완벽주의를 부추겨, 결국 조직의 혁신과 성장을 저해하는 결과를 초래합니다.

다음은 조직 내에서 흔히 볼 수 있는, 잠재력을 억제하는 '성과주의' 칭찬의 대표적인 예입니다.

"다음에도 이 정도는 해줘야지."

이번 성과를 기준 삼아 다음의 목표를 요구하는 칭찬입니다. 성공의 기쁨을 누리기도 전에 미래에 대한 무거운 부담감을 안겨줍니다.

"이번 분기 실적 1등이네, 아주 잘했어."

순위나 숫자로만 가치를 평가하는 칭찬입니다. 기대에 미치지 못할 때 스스로를 무가치하게 여기게 만들어, 오히려 사기를 저하시킵니다.

"지난번보다 훨씬 잘했네. 드디어 제 몫을 하네."

칭찬 속에 과거의 부족함을 군이 끌어들인 경우입니다. 칭찬을 받는 기쁨보다 부정적인 감정을 먼저 불러일으킵니다.

"이 정도는 되어야지."

칭찬이 기대치 충족에 대한 보상처럼 여겨지면, 성과는 당연히 해야 할 일로 격하되어 칭찬의 의미가 퇴색됩니다.

"역시 우리 팀 에이스답게 해냈네."

특정 개인에게만 집중된 칭찬은 팀원 간의 협력을 저해하고 역기능적 경쟁을 부추깁니다. 소외된 동료들은 무력감을 느끼고, 당사자에게도 결과에 대한 압박감을 줄 수 있습니다.

"열심히 잘했어. 그래도 다음엔 좀 더 빠르게 끝내자."

칭찬 뒤에 단서를 붙여 개선을 요구하는 경우입니다. 이는 노력 자체를 깎아내려 진심으로 인정받지 못한다는 인식을 심어줍니다.

잠재력을 키우는 성장 중심 칭찬

내부 동기를 강화하고 잠재력을 키우는 칭찬은 결과보다는 과정과 노력, 그리고 개인의 성장에 초점을 맞춥니다.

새로운 시도와 과정의 중요성을 인정하기

"이번에 새로운 방식으로 접근한 아이디어가 정말 좋았어요. 그 시도 덕분에 좋은 결과를 낼 수 있었습니다."

끈기와 노력을 인정하기

"쉽지 않은 일이었는데, 포기하지 않고 끝까지 노력한 점 정말 대단해요."

협력과 팀워크에 대해 칭찬하기

"동료들과 의견을 나누며 협력한 덕분에 팀이 더 단단해진 것 같아요."

배움과 성장에 초점을 맞춰 격려하기

"이번에 겪었던 어려움이 자신을 더 성장시키는 계기가 될 것입니다.”

개선된 모습을 구체적으로 칭찬하기

“지난번보다 발표 내용 구성이 훨씬 좋아졌네요. 꾸준히 노력하는 모습이 느껴집니다.”

칭찬을 제대로 받아들이는 법

칭찬을 잘하는 것만큼이나 ‘제대로 칭찬받는 것’도 중요합니다. 겸손을 미덕으로 여겨 “아니에요, 별로 한 게 없어요.”라며 말하며 칭찬을 부정하면, 상대의 진심을 외면할 뿐만 아니라 스스로 성장의 기쁨을 놓치게 됩니다.

“감사합니다!”라고 확실하게 답하기

칭찬을 대하는 가장 보기 좋은 반응은 바로 “감사합니다!”입니다. 상대방의 안목과 진심을 기쁘게 받아들이는 태도는 서로에게 깊은 만족과 보상을 줍니다.

칭찬을 강점으로 만들기

다른 사람들에게 자주 듣는 칭찬은 내가 미처 발견하지 못한 나의 대표 장점일 가능성이 큽니다. 이를 적극적으로 받아들여 더욱 드러내고, 더 큰 능력으로 발전시켜 나갑니다.

칭찬은 타인의 노력을 인정하며 그 안에 담긴 과정과 정성까지 헤아리는 마음을 잇는 기술입니다. 이러한 긍정적인 상호작용은 듣는 이에게 자신감을 불어넣고, 자기 발전을 촉진합니다. 나아가 상생의 관계를 만들어주기에 서로에게 이로운 통로가 됩니다.

칭찬은 상대방에게 분명 좋은 에너지원이 되고, 그 빛을 받은 당신은 스스로의 가치를 절로 밝히게 될 것입니다.

———

결과에 집중하며, 성과에 쫓기다 보면
그 일을 상상하는 것조차 버거워집니다.

꽉 조인 태엽을 풀고
이제껏 못한 '칭찬'에 도전해 보세요.

말 끝을 조금만 올리면 일어나는 일들

말 끝을 흐리는 습관은 대개 자신감 부족에서 비롯됩니다. 자신의 말이 틀릴까 봐 혹은 거절당할까 봐 염려하는 마음이 기저에 있기 때문입니다. 하지만 말끝이 흐려지면 듣는 이에게 자신의 말에 확신이 없거나 소극적이라는 인상을 주기 쉽습니다.

오랜 상담에서 내담자들에게 평소 대화 스타일을 재연해 달라고 요청하면, 말 끝을 흐리거나 목소리가 작아지는 모습을 자주 발견합니다. 이는 단순한 발음의 문제를 넘어, 그 사람의 심리 상태를 반영합니다.

저는 이런 분들에게 "말 끝을 조금 더 올려볼까요?", "목소리 톤이 후반부로 갈수록 낮아져요. 조금만 더 키워볼까요?"라고 조언하며 스스로 인식하지 못했던 부분을 교정해 드립니다. 이 작은 변화만으로도 대화에 자신감이 붙고, 내용 전달이 분명해집니다. 말을 잘하는 것은 유창함에 있지 않습니다. 같은 내용이라도 표현하는 방식에 따라 화자의 역량은 달라 보입니다.

실제로 한 내담자는 말 끝을 교정한 후 "최근엔 자기 표현을 잘한다는 칭찬도 들었어요."라며 생기를 되찾았습니다. 말 끝을 흐리지 않으면 전달하려는 내용이 명확해지고, 주제에 대한 신뢰도 함께 커집니다. 대화란 단순한 즐거움을 넘어 '나'란 존재를 알리는 과정입니다. 흩어지는 말 끝을 붙들어 '내 생각은 이러하다'고 명확하게 말해봅니다.

말 끝을 '내릴 때'와 '올릴 때'의 인상 효과

대화에서 말 끝을 내리는 습관은 단순히 발음의 문제가 아닙니다. 이는 듣는 사람의 이해를 방해할 뿐만 아니라, 말하는 사람의 인상까지 부정적으로 만들 수 있습니다. 말 끝의 작은 변화가 가져오는 심리적·관계적 차이는 생각보다 훨씬 큽니다.

말 끝이 내려가는 것은 '내 말이 틀릴 수도 있어', '상대방이 어떻게 생각할까'라는 불안감과 자신감 부족이 반영된 결과로 볼 수 있습니다. 스스로 확신이 부족하기에 말의 힘이 약해지는 것입니다. 이는 상대방에게 소극적이고 자신감이 낮은 사람으로 비춰질 수 있습니다. 중요한 내용을 말하더라도 듣는 사람에게는 중요도가 낮게 전달되기에 말의 의도가 잘 반영되지 않습니다. 그러므로 대화할 때는 문장의 끝이 떨어지지 않도록 의식적으로 올려봅니다. 말 끝을 붙들어 올리는 것만으로도 자신감 있고, 분명한 사람으로 인식되고, 전달하려는 메시지의 의미가 또렷해집니다.

사례로 보는 말 끝의 중요성

말 끝을 올리는 작은 습관 하나만으로도 상대방에게 전달되는 메시지의 힘과 인상이 크게 달라질 수 있습니다.

직장에서의 회의

말 끝을 내릴 때 : "이번 프로젝트는… 음… 이 방안이 좋을 것 같아요…."

듣는 사람의 반응 : '자신의 의견에 확신이 없나?'라고 생각하며 제안의 신뢰도가 낮아집니다.

말 끝을 올릴 때 : "이번 프로젝트는 이 방안이 가장 효율적이라고 생각합니다!"

듣는 사람의 반응 : '자신감이 넘치네. 한 번 믿어볼까?'라고 생각하며 제안을 긍정적으로 검토하게 됩니다.

일상 대화

말 끝을 내릴 때 : "저도 같이 가고 싶은데… 가도 될지…."

듣는 사람의 반응 : '정말 가고 싶은 건가?'라고 오해하며 상대방의 마음을 정확히 파악하기 어렵습니다.

말 끝을 올릴 때 : "저도 같이 가고 싶어요! 정말 기대돼요."

듣는 사람의 반응 : '정말 같이 가고 싶어 하는구나!'라고 느끼며 기분 좋게 다음 대화를 이어갑니다.

새로운 아이디어 발표

말 끝을 내릴 때 : "이 아이디어는… 음… 비용이 좀 들 수도 있지만… 해볼 수 있지 않을까요…."

듣는 사람의 반응 : '명확한 근거도 없이 그냥 제안하는 건가? 불확실성이 커보이는데…'라고 생각하며 아이디어를 진지하게 검토하지 않습니다.

말 끝을 올릴 때 : "이 아이디어는 초기 비용이 들지만, 장기적으로는 큰 효과를 가져올 수 있다고 생각합니다."

듣는 사람의 반응 : '저렇게 확신을 가지고 말하는 걸 보면, 분명한 근거가 있을 거야'라고 생각하며 아이디어에 관심을 보입니다.

부탁이나 제안

말 끝을 내릴 때 : "이거 좀 도와주실 수… 있으실까요…."

듣는 사람의 반응 : '도와달라는 건가? 말하기도 어려워하는데 부담스러워 보이고, 나도 괜히 부담 갖게 되네'라고 생각하며 거절할 가능성이 높아집니다.

말 끝을 올릴 때 : "혹시 이 부분에 대해 조언 좀 해주실 수 있을까요? 선배님의 의견이 필요해서요."

듣는 사람의 반응 : '나를 신뢰하고 도움을 요청하는구나'라고 생각하며 기꺼이 돕고 싶어집니다.

실생활에서 말 끝을 교정하는 방법

스마트폰으로 녹음하기

자신의 평소 대화를 녹음해 들어봅니다. 어떤 문장에서 말 끝이 흐려지는지, 어떤 주제에서 목소리가 작아지는지 객관적으로 파악할 수 있습니다.

문장의 끝을 의식적으로 강조하기

문장을 맺을 때 의도적으로 말 끝을 더 또렷하게 발음하거나, 목소리 톤을 살짝 올린다고 생각하며 말해보세요. 대화를 마친 후에는 작은 변화라도 기록으로 남기거나 되새기며 다음 행동을 격려합니다.

결정적인 단어에서 힘주기

"저는 ~라고 생각합니다.", "이것을 제안합니다."처럼 문장의 핵심을 전달하는 단어에 힘을 실어봅니다. 이는 말의 내용에 대한 확신을 심어주는 효과가 있습니다.

긍정적 자기 시연

말 끝을 잘 유지하며 자신 있게 말하는 자신의 모습을 머릿속으로 반복해서 그려봅니다. 이를 '인지적 시연Cognitive Rehearsal'이라고 합니다. 상상 속으로 시연을 반복하면 실제 상황에서 훨씬 더 잘 해낼 수 있습니다.

말 끝을 붙드는 습관은 꾸준한 연습을 통해 충분히 교정할 수 있습니다. 때로는 단 한 번의 시도만으로도 상대방이 보인 긍정적인 반응이 보상으로 돌아와 큰 심리적 만족을 줍니다. 이러한 경험은 말하기의 두려움에서 오는 온갖 부정적인 예측이 결코 사실이 아님을 일깨워줄 것입니다.

처음에는 어색할 수 있지만, 평소보다 조금 더 높여 또박또박 말해봅니다. 어느새 대화에 힘이 실리고, 자신감도 커질 것입니다.

—

완벽하지 않아도 괜찮다는 걸 믿으세요.
어깨를 펴고 자신 있게 말해보세요.

더 깊이 뛰어들 용기를 가지세요.
그래야 한층 더 단단해질 수 있어요.

비난이 아닌
해결책 제시하기

"그거 틀렸어. 그렇게 하면 안 돼."
"맨날 이런 식이지, 뭐가 달라지겠어?"

마음에 상처가 되는 비난은 의욕을 꺾고 자신감마저 갉아먹습니다. 말하는 사람은 실수를 바로잡으려는 '따끔한 지적'이라고 생각할지 모르나, 듣는 사람은 능력에 대한 '평가절하'로 받아들여 무기력과 불쾌감을 느끼게 됩니다. 실수도 경험의 일부입니다. 이를 변화의 기회로 독려하기보다 차갑게 깎아내리며 문제점으로만 치부한다면, 관계는 결국 한쪽으로 기울어 허물어지고 맙니다.

누군가의 잘못을 꼬집고 비판하는 일은 쉽습니다. 하지만 구체적인 해결책 없는 지적은 방향을 잃은 잔소리가 되어 의욕을 꺾고 관계 스트레스만 더할 뿐입니다. 관계를 가꾸는 일에는 인내와 노력이 필요합니다. 때로는 시간을 두고 묵묵히 기다려 줄 필요가 있습니다. 비난은 나아갈 힘을 빼앗고 막다른 골목에 세워두는 것과 같습니다.

따끔한 지적과 잔소리 사이의 간극

　따끔한 지적과 잔소리는 겉보이게 비슷할지 모르나, 관계에 미치는 영향과 심리적 의도에는 근본적인 차이가 있습니다. 따끔한 지적에는 성장을 돕는 말이 함께합니다. 상대방의 행동이나 문제점을 짚어줄 때 구체적이고 건설적인 피드백을 제공하며, 해결책에 초점을 맞춥니다. 이 말을 듣는 이는 '나를 진심으로 생각해 주는구나'라고 느끼며 자신의 부족함을 개선하려는 의지와 동기가 생깁니다.

　반면, 잔소리는 감정이 섞인 일방적인 불만 표출에 불과합니다. 원인을 분석하거나 해결책을 찾기보다는 상대방을 비난하거나 지난 과오를 반복적으로 들추는 데 집중됩니다. 상대방은 '왜 나만 몰아세울까?', '왜 나한테만 이러지?'라는 반발심을 갖게 되며, 결국 서로에 대한 불만이 쌓여 소원한 관계가 되기 쉽습니다.

💬 사례로 보는 차이점

• 직장에서의 보고서 피드백

따끔한 지적 : "이번 보고서는 데이터 분석이 다소 보완될 필요가 있어 보여요. 이 부분을 보강하면 훨씬 설득력 있는 결과물이 될 겁니다. 참고할 만한 자료를 보내드릴 테니 한번 검토해 보세요."

잔소리 : "이게 보고서라고 가져온 건가요? 데이터가 부족하다고 벌써 몇 번을 말해야 압니까? 이런 식이면 승진은 언제 하려고 그래요? 다음부터는 절대 실수하지 마세요."

• **집안일 관련 대화**

따끔한 지적 : "여보, 설거지통에 그릇이 너무 많이 쌓였네요. 오늘은 내가 할게요. 다음부턴 식사 직후에 바로 하는 게 서로 마음이 편할 것 같아요."

잔소리 : "설거지 좀 하라고 내가 몇 번을 말했어? 어쩜 이렇게 말귀를 못 알아들어? 내 말대로 하면 어디 덧나기라도 해?"

상대방의 인격이나 과거의 행동을 비난하며 상황을 일반화하는 '잔소리형 피드백'은 일방적인 판단으로 대화를 단절시키기 쉽습니다. 존중과 배려가 사라진 소통은 행동의 변화보다는 관계에서 오는 피로감만 쌓입니다.

왜 잔소리를 멈추지 못할까?

잔소리는 대개 상대방의 행동을 자신이 정한 기준에 맞추려는 통제 욕구에서 비롯됩니다. 특히 리더나 부모의 경우, 성장에 대한 그릇된 신념이 잔소리에 영향을 미칩니다. '잔소리를 해야 변화될 수 있다', '강하게 혼을 내야 달라진다'는 믿음이 대표적입니다.

이처럼 '강하게 말해야 효과가 있다'는 잘못된 신념에 빠지면, 비난만 남고 서로에게 상처를 입히는 비효율적인 소통 방식이 고착화됩니다. 이 대화에는 '비난하는 사람'만 남게 됩니다. 이는 상대방에게 모욕감과 함께 심리적 저항을 불러일으켜 변화에 대한 의지를 완전히 꺾어버립니다.

또한 잔소리가 반복될수록, 본인이 문제를 더 완벽하게 파악하고 있다고 믿는 경향이 강해집니다. 상대방이 자신의 기준에 미치지 못할 때 '내가 옳으니까 가가르쳐야 한다'고 생각하는 '자기고양 편향Self-Serving Bias'에 빠지는 것입니다. 잔소리가 심해질수록 스스로가 옳다는 믿음은 강화되고, 잔소리를 통해 '나는 틀리지 않다'는 것을 증명하려 합니다. 이처럼 내면에 자리한 자기고양 편향은 상대방의 입장을 공감하지 못하고, 일방적으로 자신의 관점만을 강요하게 만드는 주된 원인이 됩니다.

때로는 잔소리가 상대를 향한 것이라기보다 내밀한 불안을 투영하는 거울이 되기도 합니다. 한 내담자는 시험을 앞둔 딸이 잠시 핸드폰을 보는 모습에 "지금 핸드폰 볼 시간이 어딨어? 그러다 시험 망치면 어쩌려고!"라며 다그쳤다고 합니다. 겉으로는 자녀를 걱정하는 듯 보였으나, 그 기저에는 딸의 실패를 곧 자신의 불안으로 치환해 버린 심리적 동요가 크게 자리잡고 있었습니다. 이때는 비난 섞인 잔소리 대신, "시험이 얼마 남지 않아서 엄마 마음이 좀 불안해지네."와 같이 감정을 솔직하게 표현하고, "결과를 떠나서 노력을 응원해. 조금만 더 해보자"라고 지지해 준다면 서로의 불안을 낮추는 실질적인 도움이 될 것입니다.

한 후배는 세미나 발표 후 선배 A로부터 '발표가 두서없다'는 날선 비난을 듣고 크게 상심했으나, 선배 B가 제시한 피드백을 통해 개선점을 찾고 자신감도 회복했다고 합니다. 선배 B는 "내용은 참 좋은데, 도입 부분에서 핵심 메시지를 한두 문장으로 명확히 정리해 주면 설득력이 훨씬 높아질 거야."라고 조언하며, 후배 스스로 문제를 해

결할 수 있게 도왔습니다. 이처럼 비난으로 끝나는 대화가 아닌 실제
적인 해결책을 제시하는 소통에는 상대방의 동기를 자극하고 다음
단계의 성장을 견인하는 강력한 힘이 있습니다.

💬 비난 대신 성장을 돕는 대화의 기술

• 긍정적 피드백으로 대화 시작하기

본론을 꺼내기 전, 칭찬이나 긍정적인 평가를 먼저 건네세요. 상대방의 장점이나
잘한 점을 구체적으로 언급하면 마음의 문이 열리고, 당신의 조언을 수용할 준비
가 됩니다.

나쁜 예 : "네가 쓴 보고서는 결론이 너무 길어서 읽기 힘들어."

좋은 예 : "지난번 보고서에서 데이터를 시각화해서 한눈에 들어오게 만든 점이
정말 좋았어요. 다만, 결론 부분이 다소 길어서 아쉽네요. 요약한다면 훨씬 완성
도 높은 보고서가 될 것 같습니다."

• '나'를 주어로 말하기

상대방의 행동을 비난하는 '너'라는 주어 대신, 내 감정과 생각을 전달하는 '나'라
는 주어를 사용하세요. 이렇게 하면 상대방은 공격받는다는 느낌 없이 당신의 입
장을 이해하는 데 집중할 수 있습니다.

나쁜 예 : "왜 맨날 마감 기한을 못 맞추는 거죠?"

좋은 예 : "마감 기한이 지켜지지 않으면, 나는 전체 업무 일정을 조정하는 데 큰

어려움을 느껴요. 다음부턴 기한 내에 완료할 수 있도록 내가 도울 일이 있을까요?"

• 과정의 어려움에 공감하기

결과만으로 평가하기보다 그 결과를 만들어내기까지 겪었을 상대방의 노력과 고충을 먼저 헤아려주세요. "많이 힘들었겠구나."라는 진심 어린 말 한마디는 상대방에게 큰 위로와 용기를 줍니다.

나쁜 예 : "결과가 왜 이 모양이야?"

좋은 예 : "이번 프로젝트 마무리하느라 정말 고생 많았어요. 준비 과정에서 어떤 부분이 가장 힘들었나요?"

• 구체적인 대안을 명확하게 제시하기

막연한 비판 대신, 현실적으로 실행 가능한 대안을 제시해 주세요. "더 잘해봐." 같은 추상적인 말은 부담만 줄 뿐입니다. 구체적인 개선 방향을 함께 논의할 때, 상대방은 문제를 해결할 실질적인 동기를 얻습니다.

나쁜 예 : "이 보고서는 영 아니야. 다시 해와."

좋은 예 : "이 부분은 데이터를 기반으로 수정하고, 결론을 세 문장 내외로 요약해보면 어떨까요?"

잔소리는 독이 되고, 진심 어린 지적은 약이 됩니다. 좋은 제안은 상대방이 스스로 일어설 수 있도록 힘을 실어줍니다. 오늘 당신은 상대방의 노력을 깎아내리는 말을 하지는 않았나요? "넌 늘 이래."라는 비난 대신, "다음에는 이렇게 해보면 어떨까?"라며 앞으로 나아갈 길을 내어주세요. 한 단계 도약을 위해 오늘 어떤 말을 건넬지 잠시 고민해 보면 어떨까요?

———

지금, 이 질문을 던져보세요.
나는 지금 문제에만 집중하고 있는가.
잘 풀릴 수 있는 방향을 내놓고 있는가.

오늘 당신은 무얼 할 수 있을까요?

피드백도 요령,
샌드위치 화법

일상 속에서 우리는 누군가에게 피드백을 주어야 하는 여러 순간들을 마주합니다. 특히 개선이 필요한 부분을 요청할 때, 상대방의 기분을 상하게 하지 않으면서 메시지를 효과적으로 전달하는 일은 늘 쉽지 않은 고민입니다. 감정을 앞세운 피드백은 상대방의 욕구를 무시하고, 관계에 깊은 상처를 남기며, 문제해결을 더욱 어렵게 만듭니다.

관계를 세심하게 돌보면서도 필요한 피드백을 현명하게 전달하는 효과적인 사회적 기술이 바로 '샌드위치 화법Sandwich Method'입니다. 이는 진심 어린 피드백과 개선이 필요한 피드백을 샌드위치처럼 번갈아가며 전달하는 방식에서 유래되었습니다. 부정적인 피드백을 가운데 두고, 그 앞뒤로 진심 어린 칭찬과 격려를 배치하는 것이 핵심입니다.

안전한 피드백, 샌드위치 화법의 중요성

샌드위치 화법은 칭찬, 조언, 다시 칭찬 순으로 말을 구성하는 소통의 기술입니다. 상대방에게 다소 부담스러운 피드백이나 조언을 전달할 때, 그 말이 상처가 아닌 성장의 기회로 받아들이도록 돕는 것이 이 화법의 핵심입니다. 이 화법은 상대방의 방어적인 태도를 누그러뜨리고, 전하고자 하는 조언을 열린 마음으로 받아들이도록 합니다.

칭찬으로 대화를 시작하면 상대방은 '나는 인정받고 있다'라는 느낌을 받아 심리적으로 안정됩니다. 이 때문에 뒤에 이어질 조언을 비난이 아닌 '도움'으로 인식하게 됩니다. 가운데 넣을 조언을 칭찬 사이에 배치함으로써, 조언이 주는 심리적 압박감을 완화할 수 있으며, 상대방은 조언을 들으면서 '내가 잘한 부분도 있구나'라고 생각하게 됩니다. 마지막 칭찬은 상대방의 자신감을 다시 북돋고, 관계를 긍정적으로 마무리하는 역할을 합니다. 조언을 듣고 난 후에는 '나는 여전히 가치 있는 사람'이라는 느낌을 받게 됩니다. 비판의 내용만 듣게 되면 동기를 잃기 쉽지만, 칭찬으로 마무리하면 긍정적인 자기 인식을 갖게 되어 더 나은 방향으로 발전하려는 의지가 생깁니다.

샌드위치 화법 실천 가이드

1단계 : 긍정적인 말로 시작하기(빵 윗부분)

대화를 시작할 때 상대방의 잘한 점, 노력, 장점 등을 먼저 구체적으로 언급합니다. 칭찬이 구체적일수록 듣는 사람의 마음을 더 효과적으로 열 수 있습니다.

> **예시** : "A씨, 이번에 발표 자료 준비하느라 고생 많았어요. 특히 첫 페이지의 데이터 분석 자료는 정말 인상적이었어요. 한눈에 들어오게 정리돼서 팀원들 모두 이해하기 쉬웠을 거예요."

2단계 : 개선 방향을 제안하기(속 재료)

이어서 개선이 필요한 부분을 '비난'이 아닌 '제안'의 형태로 부드럽게 전달합니다. '당신은 ~을 못해'와 같이 상대의 능력을 탓하는 표현, 객관적으로 구체적인 문제점과 함께 개선 방향을 제시합니다. 이때 '나'를 주어로 하는 '나'전달법을 활용하면 거부감을 줄일 수 있습니다.

> **예시** : "다만, 발표 슬라이드 전체의 글씨 크기가 조금 작아서 뒤쪽에 앉은 분들은 보기 어려울 수도 있겠다는 생각이 들었어요. 다음부터는 글씨 크기를 조금 더 키워서 가독성을 높이면 더 좋을 것 같아요."

3단계 : 다시 긍정적인 말로 마무리하기(빵 아랫부분)

마지막으로 상대방의 노력과 잠재력을 인정하며 격려의 메시지를 전합니다. 피드백이 평가로 끝나지 않고 성장의 동력이 되도록, 앞으로에 대한 신뢰를 전하는 것이 핵심입니다.

> **예시** : "A씨의 기획력과 자료 조사 능력은 훌륭하다고 생각해요. 이번 피드백을 반영한다면 다음번에는 한층 더 완벽한 발표가 될 것이라 확신해요. 항상 응원합니다."

💬 어떤 상황에 사용하면 좋을까?

• **상대방의 잘못을 바로잡거나 조언이 필요할 때**

특히 팀원, 후배, 자녀 등 아끼는 사람의 기분을 상하게 하지 않으면서 잘못된 점을 개선하도록 돕고 싶을 때 효과적입니다.

• **불만이나 거절의 의사를 전달해야 할 때**

상대방의 제안을 정중히 거절하거나 불만 사항을 표현해야 할 때 사용해 보세요. 솔직한 의사를 전달하면서도 관계의 끈을 해치지 않고 신뢰를 유지할 수 있습니다.

• **건설적인 성장의 피드백을 주어야 할 때**

상대방이 그간에 쏟은 노력을 충분히 인정하면서도, 개선이 필요한 부분을 명확하게 짚어주어야 할 때 유용합니다.

💬 다양한 상황 속 샌드위치 화법의 예시

• **직장 동료에게 피드백을 전달할 때**

상황 : 팀원이 작성한 보고서에 미흡한 점이 많이 발견되었을 때

칭찬(긍정) : "이번 보고서의 기획 방향이 정말 신선해요. 특히 이 부분의 아이디어는 기존의 관점을 탈피한 점이 매우 돋보이네요."

개선점(제안) : "다만, 몇몇 수치 표기에서 오류가 발견되어 데이터의 신뢰도가 떨어질까 염려됩니다. 제출 전에 수치 위주로 한 번 더 검토해 준다면 훨씬 완성도 높은 보고서가 될 것 같아요."

격려(긍정) : "이 프로젝트를 위해 그간 얼마나 고민하고 노력했는지 잘 알고 있습니다. 이 부분만 보완하면 아주 훌륭한 결과물이 될 거예요. 고생 많았습니다!"

• 자녀를 훈육할 때

상황 : 아이가 장난감을 정리하지 않아 방이 어질러져 있을 때

칭찬(긍정) : "오늘 낮에 블록으로 만든 기차 말이야, 정말 멋있더라! 색깔도 잘 조합했어. 정말 대단한 걸!"

개선점(제안) : "그런데 지금 장난감이 다 흩어져 있어서 발에 걸리면 다칠 수도 있고, 정리가 안되면 다음 놀이를 신나게 시작하기 어렵단다. 놀이가 끝나면 제자리에 정리하는 습관을 들이면 좋겠다."

격려(긍정) : "우리 아들은 한 번 마음먹으면 뭐든 씩씩하게 잘 해내니까, 이번에도 잘 정리할 거라고 엄마는 믿어."

• 연인에게 서운함을 표현할 때

상황 : 데이트에 집중하지 못하고 핸드폰만 보고 있을 때

칭찬(긍정) : "내가 평소에 오고 싶어 했던 곳인데, 이렇게 기억해 주고 함께 와줘서 고마워."

개선점(제안) : "그런데 오늘 같이 있는 동안 자꾸 핸드폰만 보니까 조금 서운한 마음이 들어. 우리 잠시만 서로에게만 집중하는 시간 가질 수 있을까?"

격려(긍정적 피드백) : "나는 너와 함께하는 이 시간이 제일 소중해. 늘 내 편이 되어주고 웃게 해줘서 정말 고마워."

샌드위치 화법, 제대로 사용하는 법

샌드위치 화법을 효과적으로 사용하기 위해서는 형식보다 유연함과 진정성이 필요합니다. 기계적으로 적용하면 오히려 역효과가 날 수 있으니, 다음 네 가지 핵심 원칙을 꼭 기억하세요.

1. 진심이 담긴 칭찬과 균형을 찾기

억지로 끼워 넣은 칭찬은 오히려 피상적으로 느껴집니다. "잘했어. 그런데 다음부턴 이렇게 하지 마." 같은 말은 앞선 칭찬의 진정성을 무너뜨리고 상대방에게 혼란만 줍니다. 진심으로 인정할 수 있는 부분을 찾아 칭찬하고, 조언의 강도와 적절히 균형을 맞추도록 합니다.

2. 행동에 초점을 맞추기

"너는 왜 항상 그래?"와 같이 인격을 규정하거나 성격을 비난하는 말은 불쾌감을 줍니다. "이번에 제출한 보고서에서 오타가 몇 개 발견되었어."처럼 구체적인 사실이나 결과에 초점을 맞춥니다. 그래야 상대방이 비난이 아닌 해결점으로 받아들일 수 있습니다.

3. 문제점 뒤에는 명확한 대안을 제시하기

개선점만 짚고 대화를 끝내면 상대방은 막막함을 느낍니다. '어떻게 하면 좋을지'에 대한 구체적인 방향성을 함께 제시합니다. "보고서가 좀 어수선하네." 같은 막연한 지적 대신 "이 부분을 도표로 정리하면 더 효과적으로 전달될 것 같아."처럼 명확한 해결책을 줄 때 상대방의 문제해결 능력을 키울 수 있습니다.

4. 존중의 태도가 가장 중요한 재료

아무리 좋은 방법도 존중하는 마음이 없으면 그 효과를 낼 수 없습니다. 침착하고 정중한 태도는 갈등을 줄이고 배울 점을 찾도록 돕습니다. 존중의 태도가 뒷받침될 때 비로소 샌드위치 화법의 좋은 의도가 잘 발휘됩니다.

샌드위치 화법은 문제점을 해결점으로 전환하는 지혜로운 소통법입니다. 이제 당신의 말 속에 칭찬과 격려라는 든든한 지지대를 쌓고, 그 위에 성장을 위한 개선점을 부드럽게 얹어보세요. 그렇게 전달된 피드백은 상대방에게 방향을 안내하고 스스로 나아갈 길을 만들어줄 것입니다.

상대방의 입장이 되어보세요.

같은 상황에 처했던 적이 있는지

자신에게 물어보세요.

스스로를 돌아보며, 한 번 더 생각해 보세요.

사과도 적당히, 알맹이를 갖춰서

살아가면서 실수나 잘못은 누구나 피할 수 없는 일입니다. 이때 정중하고 진정성 있는 사과는 단순한 말 한마디를 넘어, 자신의 책임을 인정하고 관계를 회복하려는 의지를 보여줍니다. 이는 관계의 근간인 신뢰를 회복하는 첫걸음이 됩니다.

반면, 피상적인 사과는 오히려 두 번째 상처를 남기며 관계를 더욱 악화시킵니다. '미안하다'는 말 뒤에 "별일도 아닌데 왜 그래?" 같은 상황을 축소시키거나 상대방이 문제를 키운 것처럼 말하는 사과는 더 나은 방향으로 움직일 힘조차 잃게 합니다.

부부 관계에서 흔히 발생하는 안타까운 상황이 있습니다. 한 내담자는 남편과 다툰 후 "미안하다, 미안해. 됐지?"라는 말에 실망과 분노를 느꼈다고 합니다. 남편은 사과했다고 생각했지만, 내담자는 '무엇을 미안해하는지', '진심은 있는지', '앞으로 달라질 수 있는지'에 대한 회의감에 마음의 틈이 커졌다고 합니다. 이러한 태도는 진지한 상황을 가볍게 만들어버리고, 갈등을 다듬을 기회를 닫아버립니다.

왜 제대로 사과하지 못할까?

인간관계에서 사과가 중요함에도 불구하고, 진심이 담긴 사과를 못하는 데에는 복잡하고 다양한 심리적 이유가 있습니다. 이는 단순히 '미안하다'는 말을 꺼내기 어려운 문제를 넘어, 불안정한 내면의 자아와 불안이 깊이 연결되어 있습니다.

가장 근본적인 이유는 '자존심' 때문입니다. 잘못을 인정하는 것은 곧 자신의 부족함이나 실수를 드러내는 일이라고 생각하여, 자존심이 상할까 두려워합니다. 사과를 '내가 패배했음을 인정하는 것'으로 여기는 심리가 작용하는 것이지요. 또한 자신의 행동에 대한 '죄책감'을 마주하는 것을 두려워할 때 상황 회피가 일어납니다. 진정한 사과는 자신의 잘못과 그에 다른 책임을 온전히 받아들일 때 실현됩니다. 하지만 '내가 틀렸다'는 것을 인정하게 되면, 그로 인해 발생한 결과를 혼자 감당해야 할 것 같은 불안감으로 인해 주저하는 행동이 반복됩니다. 이러한 심리는 사과를 미루는 지연 행동이나 상황 자체를 회피하려는 부적절한 태도로 이어지기 쉽습니다.

어떤 사람들은 사과에 대한 '왜곡된 생각'을 가지고 있습니다. 어릴 적부터 '사과하면 지는 것'이라는 암묵적 환경 속에 노출되었거나, 사과가 관계 회복에 별 도움이 되지 않았던 과거의 경험이 있는 경우 '어차피 사과해도 달라질 게 없다'는 생각에 빠져 아예 사과를 포기하기도 합니다.

진정한 사과는 자신의 자존심을 내려놓고 관계 회복을 우선시하는 사회적 태도에서 시작됩니다. 사과하는 동안 느끼는 주관적인 불편함과 불안감보다 관계 회복이라는 장기적인 이점을 크게 느낄 때 사과의 의미와 진정성은 값진 결과로 돌아옵니다.

사과의 타이밍

사과는 타이밍이 중요합니다. 너무 이르면 성의 없이 보이고, 너무 늦으면 진심이 왜곡될 수 있습니다.

너무 이른 사과

문제가 발생하자마자 상황을 덮기 위해 성급하게 하는 사과는 섣부른 인상을 줍니다. 상대방의 감정을 제대로 파악하지 못한 채 서두르면 '상황을 모면하려고 일단 사과하는구나'라는 오해를 낳을 수 있습니다. 이는 사과의 진정성을 의심하게 만들어 오히려 더 큰 불신을 초래합니다. '내 잘못을 인정했으니 이제 그만해'라는 메시지로 느껴지거나, 상대방의 아픈 감정에 공감하지 못하는 것처럼 보여 관계를 더 악화시킵니다.

너무 늦은 사과

사과에도 적절한 때가 있습니다. 너무 늦게 건네는 사과는 상대방으로 하여금 '이제 와서 왜?'라는 생각이 들게 합니다. '상황이 불리해지니 마지못해 사과하는구나'라고 생각하며, 사과를 진심이 아닌 계산된 행동으로 받아들일 수 있습니다. 특히 오랜 시간 동안 침묵했다는 사실 자체가 상대방에게는 '나와의 관계를 중요하게 생각하지 않는다'는 신호로 해석될 수 있습니다. 뒤늦은 사과는 '왜 이제야 미안함을 느끼는가?'라는 새로운 갈등을 낳을 수 있습니다.

연인 관계에서는 때로 의도적으로 사과를 지연하며 상대방의 애정을 확인하려는 심리적 기제가 작동하곤 합니다. 이러한 행동은 대개 '불안정한 애착'에서 비롯됩니다. '내가 사과하지 않고 버티면 상대방이 먼저 다가와 줄까?', '나를 얼마나 사랑하는지 확인하고 싶어'와 같은 기저의 불안함이 작용하는 것입니다. 이 때문에 상대방이 어떻게 나오는지 끝까지 지켜보거나, 갈등으로 고통받는 상대의 모습을 확인하며 역설적으로 자신의 존재 가치를 검증하려는 미숙한 행동이 뒤따릅니다. 이러한 태도는 결국 상대와의 관계에서 오해나 갈등을 키우고, 관계를 더욱 불안정하게 만듭니다.

사과는 내 잘못을 인정하는 동시에, 상대방의 상처를 진심으로 이해하겠다는 태도를 보여주는 것입니다. 친밀한 관계로 바뀐 뒤에도 상대방의 감정을 충분히 헤아리는 것은 관계의 기본 태도입니다. 자신의 감정이 어떠하든, 그 감정 밖으로 나와 필요한 행동을 갖출 때 서로의 유대감은 더욱 깊어집니다.

진정한 사과를 위한 4단계 실천법

진정한 사과는 '미안해'라는 말 한마디로 끝나지 않습니다. 상대의 상처를 이해하고 관계를 회복하려는 실질적인 노력이 뒤따라야 합니다. 다음은 갈등을 풀고 관계를 회복하기 위한 4단계 실천법입니다.

1단계 : 감정 공감하기

사과를 시작하기 전에, 상대방이 느꼈을 감정을 먼저 인정합니다. 이 단계는 상대방의 아픔을 존중하며, 내가 당신의 입장을 깊이 이해하고 있음을 전달하는 가장 핵심적인 과정입니다.

예시 : "네가 그때 많이 속상하고 실망했을 것 같아. 내가 한 행동이 너에게 큰 상처를 줬어. 정말 미안해."

2단계 : 잘못 명확히 인정하기

변명이나 핑계 없이 자신의 잘못을 구체적으로 인정합니다. "'상황이 어쩔 수 없었다'는 식의 회피는 상대에게 또 다른 상처를 줄 뿐입니다. 오직 자신의 행동에만 초점을 맞추어 책임 있는 태도를 보여줍니다.

예시 : "내가 너의 말을 끝까지 듣지 않고 내 생각만 고집했어. 그 점은 변명의 여지가 없는 내 잘못이야."

3단계 : 해결 의지 보이기

앞으로는 같은 실수를 반복하지 않겠다는 의지를 구체적인 행동 계획으로 제시합니다. 관계를 회복하고 싶다는 진심은 미래 계획이 있어야 확고해집니다.

예시 : "앞으로는 네가 이야기할 때 끝까지 듣고, 너의 감정을 먼저 살피도록 노력할게. 이런 실수가 다시는 없도록 정말 신경 쓸게."

4단계 : 상대방의 결정 기다리기

사과 후에는 상대방이 마음을 정리하고 용서할 수 있도록 충분한 시간을 주어야 합니다. 재촉하지 않고 기다리는 태도는 상대방을 향한 존중이자, 건강한 관계 회복을 위한 필수적인 과정입니다.

예시 : "충분히 생각할 시간이 필요할 거야. 언제든 네 마음이 편해졌을 때 이야기해 줘. 네 결정을 존중하며 기다릴게."

사과를 잘 받아들이는 태도도 중요하다

사과를 하는 사람만큼이나 받는 사람의 태도 또한 갈등 해결에 매우 중요합니다. 상대방의 진심을 너그럽게 수용할 때, 유사한 갈등 상황에서도 사과의 가치를 잃지 않을 수 있습니다. 자신의 감정이 완벽하게 해소될 때 까지 사과를 요구한다면 이는 또 다른 갈등의 원인이 됩니다.

상대방이 사과할 때, 가장 먼저 자신의 감정을 잠시 내려놓고 사과의 내용을 충분히 경청합니다. 화가 나더라도 대화를 중간에 끊거나 비난하는 것은 어렵게 내민 화해의 손길을 뿌리치는 행동입니다. 사과를 받아들였다면 "사과해 줘서 고마워.", "네 마음 알아, 괜찮아." 와 같이 상대방의 감정을 받아들이며 용서의 의사를 표현합니다.

또한 사과를 마친 후에는 지난 일을 다시 꺼내거나 반복해서 비난하지 않는 태도가 중요합니다. 갈등 해결은 관계를 회복하고 미래로 나아가기 위한 약속입니다. 이미 끝난 일을 언급하면 상대방은 '결국 제자리로 돌아왔구나'라고 느끼며 관계 회복에 대한 의지를 잃게 됩니다. 이는 또 다른 싸움의 불씨가 되어 갈등의 악순환에 빠질 수 있습니다.

최근 육아 문제로 깊은 갈등을 겪다 상담을 통해 관계를 회복한 부부가 있었습니다. 서로의 차이를 인정하고 변화를 다짐하며 평온을 되찾은 듯했습니다. 하지만 자녀가 친구와 다투는 문제가 발생하자, 남편은 돌연 "다 당신 때문이야! 제대로 훈육하지 말라더니 결국 이 모양이잖아!"라며 지난 일을 다시 *끄집어냈습니다*. 어렵게 쌓은 화해와 다짐은 한 순간에 무너졌고, 갈등은 더욱 깊어졌습니다. 이처럼 갈등이 해결된 후에도 지난 일을 반복해서 들추는 행동은 회복된 관계를 뿌리 채 흔들어버립니다. 부부는 서로의 방식을 먼저 존중하며, 공동의 양육 가치관을 수립해 하나씩 실천해 나가고 있습니다. 진정한 화해란 과거의 기록을 지우는 것이 아니라, 이를 기반으로 건강한 약속을 실현해 나가는 데 있습니다.

마음을 담은 사과는 단순히 잘못을 인정하는 행위를 넘어서 깨진 신뢰의 틈을 메우고, 멀어진 마음을 다시 이어줍니다. 사과는 관계의 끝이 아니라 새로운 시작입니다. 진심 어린 사과를 나누며 문제를 직면할 때, 다음으로 맞이할 시간들을 더 큰 믿음과 신뢰로 채울 수 있습니다. 화해보다 더 어려운 것은, 화해 이후의 '유지'에 있음을 잊지 않아야겠습니다.

———

말의 내용만큼이나
말의 방식도 중요합니다.

당신의 감정이 어떻게 반응하던
울타리 너머의 가치를 바라보세요.

사랑한다는
표현이 필요한 순간

"굳이 말해야 하나요? 마음은 당연히 사랑하죠."
"우리 가족은 원래 이런 말 안 해요."

우리는 감정을 직접 표현하기보다 묵묵한 행동으로 보여주는 것에 익숙한 문화 속에서 살아왔습니다. '굳이 말하지 않아도 알겠지'라는 생각은 일종의 무언의 약속처럼 우리 사이에 자리잡고 있습니다. 이 때문에 소중한 사람에게 정작 필요한 '사랑한다'는 말을 꺼내지 못해 서툴게 머뭇거리곤 합니다. 마음에는 사랑이 있지만, 입 밖으로 꺼내는 것을 주저하며 망설이다 보면 서로의 마음을 알기 어려워 서운함이 커집니다.

가까운 관계일수록 마음이 통할 것이라는 착각에 빠지기 쉽습니다. 일상의 배려나 함께 보내는 시간만으로 충분히 사랑이 증명되었다고 믿으며, 정작 중요한 한마디를 놓치고 삽니다. 하지만 표현되지 않은 진심은 상대방의 마음에 고요한 외로움과 불안감을 키울 수 있습니다.

사랑은 아낄수록 줄어들고, 나눌수록 커집니다. 작은 표현 하나, 다정한 말 한마디는 누군가에게는 기쁨과 위안을 넘어 삶을 지탱하는 큰 힘이 됩니다.

말 한마디와 따뜻한 손길은 일상의 고단함을 씻어내고 정서적 안정감을 줍니다. 곁에 있는 누군가가 힘들어할 때 건네는 '사랑해'라는 말은 그 사람의 존재 가치를 일깨워주며, 함께 맞잡은 손은 그 어떤 위로보다 마음의 평화를 전해줍니다. 사랑이 언어로 표현될 때 서로는 한층 굳건히 연결되고, 삶의 파도를 함께 넘을 수 있는 단단한 힘이 됩니다.

'사랑해'라고 말하는 용기

어떤 이들은 "원래 이런 말을 잘 못하는 성격이라서요."라고 말합니다. 하지만 사랑한다는 말은 상대를 향한 마음이니 기꺼이 성격 밖으로 나오는 용기를 내봅니다. 유려하지 않아도 진심이 담겨 있다면, 그 말은 큰 지지와 위안을 줍니다. 말 한마디만으로도 우리는 누군가에게 충분한 감동을 줄 수 있습니다.

저 또한 얼마 전 밤샘 작업으로 몹시 지쳐 있을 때, 조카가 보낸 '항상 고맙고, 사랑합니다'라는 메시지에 크게 감동을 받았습니다. 마음이 환해지는 경험을 했습니다. 무거웠던 피로감은 순식간에 사라지고, 그 자리에 감사와 행복이 가득 채워졌습니다. 이처럼 '사랑한다'는 말은 따뜻한 햇살처럼 서로의 마음을 온화하게 감싸줍니다.

얼마 전, 자녀의 우울증을 걱정하며 홀로 상담실을 찾은 아버지가 있었습니다. 그동안 '사랑한다'는 말을 아껴온 세월을 후회하던 아버지는 "오늘부터 당장 딸에게 제 마음을 표현하겠습니다."라고 굳게 다짐했습니다. "따님의 어떤 모습이 가장 사랑스러우신가요?"라는 물음에 아버지는 한참 동안 자녀의 좋은 점들을 말하며 행복한 미소를 지으셨습니다.

그날 이후 아버지는 진심을 담은 말과 메시지로 매일 마음을 전했습니다. 변화는 머지 않아 찾아 왔습니다. 몇 주 뒤 상담실을 방문한 따님은 몰라보게 밝아진 가족 분위기를 전해주었습니다. 아버지와 생전 처음 카페에서 차를 마시고 시장을 함께 가는 소소한 일상이 시작되었고, 자신 또한 아버지에게 더 많은 사랑을 표현하며 변화하고 싶다는 말을 남겼습니다.

사랑한다는 말, 어떻게 표현하면 좋을까?

모든 시작은 서툰 첫걸음에서 시작합니다. 비록 쑥스럽더라도 먼저 이 말을 건네겠다는 마음으로 가까운 분들에게 '사랑해'라고 표현해 보세요.

구체적인 이유를 덧붙여 말하기

'사랑해'라는 말에 구체적인 표현을 더하면 진심의 깊이가 달라집니다. 상대방은 자신이 사랑받는 이유를 명확히 깨닫게 되어, 더 큰 기쁨과 깊은 감사를 느낍니다.

<u>예시</u> : "늘 배려하는 모습이 고맙고 사랑스러워."

"이렇게 노력하는 모습을 보니 대견하다. 사랑한다!"

"늘 응원해 준 덕분에 힘을 얻어요. 고맙고 사랑합니다."

비언어적 표현과 함께 전하기

따뜻한 눈빛이나 미소 같은 비언어적 메시지를 함께 사용하면 언어의 힘이 더욱 커집니다. 일상적인 감사와 격려의 표현에 사랑의 온기를 담아 전해보세요. 말과 행동이 함께할 때, 상대방은 당신의 진심을 더욱 깊고 선명하게 느끼게 될 것입니다.

💬 소중한 사람에게 전하는 사랑의 말

• 가족에게 전하는 사랑의 말

"두 분이 계셔서 제가 이렇게 잘 클 수 있었어요. 정말 감사하고 사랑해요."

"항상 믿어줘서 고맙고 든든해. 사랑해."

"힘들 때마다 가족이라는 존재가 내게는 가장 큰 힘이야. 고맙고 사랑해."

"밥 먹을 때, 같이 이야기 나누는 이런 사소한 시간이 나에게는 참 소중해. 우리 가족 최고야, 사랑해!"

"오늘 하루도 고생 많았어. 내일도 행복하게 웃는 모습으로 보자. 사랑해."

• 연인에게 전하는 사랑의 말

"너를 만난 이후로 내 일상이 더 특별해졌어. 매 순간 곁에 있어줘서 고마워. 사랑해."

"네가 곁에 있다는 사실만으로도 나에겐 가장 큰 힘이 돼. 늘 고맙고 사랑해."

"너를 만나며 내가 더 좋은 사람으로 변해가는 것 같아. 항상 고마워."

"문득 네 생각을 하면 나도 모르게 입가에 미소가 지어져. 내게 행복을 줘서 고마워."

"지치고 힘든 하루였는데, 네 목소리를 들으니 다 괜찮아진다. 고맙고 사랑해."

• 친구에게 전하는 사랑의 말

"내 곁을 지켜줘서 정말 고마워. 네가 내 친구라는 사실이 참 든든하고 좋다."

"힘들 때마다 늘 내편이 되어줘서 고마워. 너는 나에게 가족만큼이나 소중한 사람이야."

"우리가 이렇게 편히 이야기 나눌 수 있는 시간이 나에겐 큰 쉼표가 돼. 고맙다. 친구야."

"어떻게 다 표현해야 할지 모르겠지만, 내 인생에 네가 있다는게 정말 큰 행운인 것 같아."

"네가 없었다면 그 힘든 시간을 버티지 못했을 거야. 진심으로 사랑하고 고맙다!"

사랑은 표현할 때 빛이 나고, 조건없는 사랑은 삶의 고통과 위기에서 나를 지키는 강력한 보호막이 됩니다. 온전히 마음을 담아 '사랑합니다'라고 말해보세요. 입을 꾹 다물면 바라던 관계는 일어나지 않습니다. 더 많이 표현하고, 더 자주 보여주세요. 글과 말로, 당신의 사랑을 고스란히 전해보세요. 그냥, 한마디면 충분합니다. '사랑해'라는 말을 소중한 분에게 들려주세요.

소중한 가치를 잃어버리며
고통을 한 움큼 만들어내고 있나요.

지금 "사랑해."라고 말해보세요.
축복된 삶이, 모습을 드러낼 거예요.

CLASS 4

삶을 풍요롭게,
관계의 폭을 넓히다

소중하지
않은 존재인가

숨 가쁘게 돌아가는 일상 속에서 우리는 매일 수많은 사람과 스쳐 지나갑니다. 서로의 삶 속으로 한 걸음 더 다가가 진심을 나누는 일은 생각보다 쉽지 않습니다. 모두가 바쁘다는 핑계로, 혹은 어떻게 다가가야 할지 몰라 망설이는 사이에 관계는 조금씩 옅어집니다. 그 흔한 '안부'조차 듬성해지면서 가까워야 할 관계조차 소원해지곤 합니다.

얼마 전, 동생이 "누나, 잘 지내지?"라며 먼저 안부를 물어왔습니다. 그 한마디에 고마움과 함께 미안함이 컸습니다. 지척에 살면서도 바쁘다는 핑계로 얼굴 한 번 제대로 보지 못하고, 전화 한 통 먼저 건네지 못했기 때문입니다. '잘 지내겠지'라는 막연한 생각으로 지내다 보니 정작 소중한 관계를 소홀했다는 사실을 아프게 깨달았습니다.

한 지인의 경우, 고등학교 시절부터 우정을 쌓아온 세 명의 동창이 있었습니다. 한 친구는 지인이 먼저 연락하기 전에는 좀처럼 연락하지 않아 내심 서운함이 쌓였다고 합니다. '이 친구에게 나는 소중하지 않은 존재인가?'라는 회의감은 결국 동창 모임과 여행을 피하게 만드는 마음의 벽이 되었습니다. 다행히 다른 친구의 중재로 오해가 풀렸습니다. 그제야 연락하지 않은 이유를 물으니 "늘 먼저 연락이 오니 괜찮은 줄 알았고, 사실 안부를 묻는게 쑥스러웠다'고 답했습니다. 만일 서로 조금 더 마음을 터놓고 이야기했다면, 소중한 인연이 끊어질 뻔한 위태로운 오해는 일어나지 않았을 텐데요. 쑥스러움이란 감정 앞에 놓인 침묵은 상대방에게 '단절'이라는 상처를 줄 수 있습니다.

안부, 마음을 잇는 작은 실천

안부가 전해지는 순간, 상대방이 느끼는 감정은 부재의 시간만큼 따뜻하고 큰 위안이 됩니다. 어떤 이들은 안부를 묻는 것이 어색하고 어떻게 시작해야 할지 모른다고 합니다. 하지만 안부의 시작은 대단한 말이 아닌, "잘 지내셨어요?", "요즘 어떻게 지내세요?", "별일 없으시죠?"와 같은 짧고 담백한 인사면 충분합니다.

카페를 운영하는 한 내담자는 겹쳐오는 시련으로 우울증을 겪으며 심신이 깊게 지쳐 있었습니다. 그러던 어느 날, 한 손님이 커피를 주문하면서 "요즘 일교차가 커서 감기로 고생하는 분들이 많대요. 사장님은 괜찮으세요?"라고 물었습니다. 예상치 못한 그 한마디에 눈물이 핑 돌았다고 합니다. 손님은 이어서 "여기 커피 정말 맛있어요. 좋은 하루 보내세요!"라는 밝은 인사를 건네고 떠났습니다. 내담자에게 그날의 안부는 울적한 마음을 씻겨주는 가장 확실한 처방전이 되었으리라 봅니다. 이처럼 안부에는 힘겨운 하루를 온기로 채워주는 다정한 힘이 숨겨져 있습니다. 저 또한 내담자 분들께서 먼저 "요즘 어떻게 지내세요?"라고 물어봐 주시거나 "날씨가 쌀쌀한데 건강 괜찮으세요?"라고 살펴주실 때 말로 다 못할 보람을 느낍니다. 안부는 단순한 인사를 넘어 고통을 어루만지고 마음을 치유하는 다정한 손길과 같습니다.

안부를 전하는 마음가짐

안부는 단순한 인사말을 넘어 '나는 당신을 잊지 않고 있으며, 당신의 안녕을 신경 쓰고 있다'라는 마음을 담고 있습니다. 이 짧은 인사는 상대방에게 관심과 배려라는 마음을 가만히 놓고 갑니다.

한 내담자는 오랜만에 지인으로부터 받은 "잘 지내?"라는 안부 문자에 뭉클해졌다고 합니다. 짧고 간단한 물음이었지만 자신이 여전히 누군가에게 소중한 존재임을 확인하며 깊은 고마움을 느꼈기 때문입니다. 이처럼 나를 살피는 누군가가 있다는 사실은 심리적 고립감과 외로움을 걷어낼 뿐만 아니라, 서로 연결되어 있다는 '우리'라는 즐거움을 줍니다.

안부는 홀로 서 있는 이의 곁으로 다가가 '당신은 혼자가 아니에요'라고 속삭여주는 마음의 응원과도 같습니다. 저 또한 얼마 전, 옛 동료로부터 예기치 못한 안부를 받고 큰 기쁨을 느꼈습니다. 최근 꿈꾸던 공부를 시작했다는 그녀는 불안하지만 용기를 내고 싶다며 제게 응원을 부탁해왔습니다. 그 소식은 오히려 제게, 망설이던 일을 바로 시작할 수 있는 강한 힘을 주었습니다. 안부를 묻는 작은 손길이 얼마나 귀한지 다시금 새기게 된 소중한 경험이었습니다.

상대방의 상황을 헤아리는 배려

안부를 물었을 때 답이 없거나 짧은 응답이 돌아오는 상황은 흔히 일어납니다. 이때 상대의 마음을 '소홀함'으로 단정 짓지 않는 심리적 유연성을 키웁니다.

이제, 상대의 침묵을 나에 대한 '거절'이 아닌, 그저 '그의 상황'으로 바라보는 객관적인 시각을 제시합니다.

바쁜 일상

업무나 학업, 육아 등으로 매우 바쁜 상황일 수 있습니다. 당신의 메시지를 보았지만, 긴 답장을 할 시간적·심리적 여유가 없어 짧게 답했거나 잠시 미뤄두었을 수 있습니다.

답장 강박

어떤 이들은 자신에게 오는 모든 메시지에 완벽하고 성의 있는 답을 해야 한다는 강박을 느낍니다. 이 때문에 그러지 못할 상황일 때, 아예 답을 미루거나 짧은 답으로 대신하기도 합니다.

어색함이나 부담감

오랫동안 연락을 주고받지 않아 누군가의 안부에 어떻게 답해야 할지 몰라 어색해할 수 있습니다. 혹은 '길게 답장해야 한다'는 부담감에 오히려 짧게 마무리했을 수도 있습니다.

개인의 성향

모든 사람이 감정을 풍부하게 표현하고 긴 대화를 선호하는 것은 아닙니다. 간결한 표현이 익숙하거나 감정적인 소통에 피로감을 느낄 경우, 간단한 피드백으로 대신할 수 있습니다.

안부를 묻는 목적은 '답장을 받기 위함'이 아니라 '당신을 생각하고 있다'는 마음을 전하는 데 있습니다. 상대의 마음에 일희일비하기보다, 내가 먼저 마음을 내어 다정한 안부를 건넸다는 사실 그 자체가 중요합니다. 상대방의 반응에 감정이 흩어지기보다 '내가 할 일을 했다'는 만족감을 붙드는 것이 중요합니다. 비록 짧은 답장이라도, 소통이란 가치에 마음을 둡니다.

안부를 묻는 말은 존재와 존재 사이에 인연의 씨앗을 뿌리는 것과 같습니다. 뿌린 씨앗이 모두 싹을 틔우지는 않겠지만, 씨앗을 심는 행동이 있어야 관계의 결실도 가능해집니다. 상대방의 행동에 스스로를 가두지 마세요. 의미를 둔 일이면 그대로 길을 내어보세요. 마침내 걸음 자체가 행복으로 여겨질 것입니다.

마음 잇기, 7주 미션

매주 한 분, 혹은 마음이 가는 몇몇 분에게 안부를 묻는 연습을 시작해 보세요. 서툴고 어색하게 느껴질 수도 있습니다. 하지만 꾸준히 실천하다 보면 안부를 묻는 일은 어느덧 자연스러운 일상이 되고, 어떤 날에는 가슴 뭉클한 감동을 마주하게 될 것입니다.

1주 차

가장 가까운 사람에게 진심을 담아 안부 묻기. (부모님께 안부 전화하기, 배우자에게 따뜻한 메시지 보내기 등)

2주 차

평소 연락이 뜸했던 친구나 지인에게 용기 내어 안부 문자 보내기. (오랜만에 SNS 친구에게 메시지 보내기 등)

3주 차

직장 동료에게 점심시간 등 가벼운 시간에 구체적으로 안부 묻기. ("요즘 바쁘시죠? 괜찮으세요?")

4주 차

이웃에게 마주쳤을 때 따뜻하게 안부 인사 건네기. ("안녕하세요, 좋은 하루 보내세요.")

5주 차

존경하는 선배나 오랜 스승님께 연락하여 정중하게 안부 여쭙기. (전화로 "그간 격조했습니다. 건강은 어떠신지요?"라고 여쭙거나, 감사 편지 형식의 이메일 보내기 등)

6주 차

감사했던 분에게 연락하여 안부와 함께 고마움 전하기. (과거에 받았던 구체적인 도움을 언급하며 안부 건네기 등)

7주 차

새로운 인연을 맺은 이에게 먼저 관심을 표현하며 인사 나누기. (공통의 관심사를 주제로 대화 먼저 시작하기, "여기서 필요한 자료를 찾을 수 있을 거예요."라고 가벼운 도움 주기 등)

매주 미션을 실천하며 안부를 물었을 때, 마음을 울렸던 상대방의 반응이나 당신의 솔직한 기분을 간단하게 기록해 보세요. 각 단계에서 마주한 새로운 경험을 되새기며 미처 발견하지 못했던 관계의 미덕이나 스스로 깨달은 점을 모두 남겨보세요. 이러한 기록의 흔적들은 당신의 삶을 풍요롭게 만드는 정신적 자산이 될 것입니다.

오늘, 소중한 분께 안부를 건네보세요.

떨어져 있어도 사랑할 수 있고,
함께 존재 속으로
더 가까이 다가갈 수 있어요.

이별,
마침표를 위한 맺음말

살다 보면 연인이나 친구, 동료와 같이 함께 시간을 보낸 분들과 피할 수 없는 이별의 순간을 마주하게 됩니다. 이때 '잘 헤어지는 것'은 관계의 시작만큼이나 중요합니다. 이별의 문턱에서 보여주는 모습이야말로 당신이 어떤 사람인지 가장 잘 설명하기 때문입니다. 많은 내담자들이 "가깝게 지낼 때는 미처 몰랐는데 이별할 때 많이 서운하고 아쉬웠어요"라고 말합니다. 우리의 성숙은 좋은 시절에 있는 것이 아니라, 마침표를 고하는 그 순간에 비로소 드러납니다. 이때 관계는 문이 닫히기도 하고, 너르게 더 열리기도 합니다. 이별을 대하는 마음가짐은 관계에 대한 존중과 예의를 다하는 데 있습니다. 이는 결국 자신의 품격을 세우는 일이기도 합니다. 어떤 이별은 무척 아프지만, 끝을 부정하거나 피하기보다 인연이 지나가는 통로를 내주며 좋은 기억으로 떠나보냅니다. 그래야 내가 잘 지낼 수 있습니다.

얼마 전 한 지인이 겪은 이야기입니다. 1년간 프로젝트를 위해 함께 땀 흘린 동료가 마지막 날, "수고하셨습니다."라는 짧은 인사만을 남긴 채 서둘러 자리를 떠났다고 합니다. 그럴 수 있다고 이해하려 했지만, 지인은 한동안 지울 수 없는 허탈함과 서운함에 마음이 힘들었다고 합니다.

만약 짧게라도 서로의 노고를 진심으로 헤아리는 대화가 오갔다면 어땠을까요? "함께하는 동안 많이 배웠습니다. 덕분에 좋은 성과를 낼 수 있었습니다."라는 마음을 나누었다면, 서운함 대신 서로를 인정하는 격려하는 마침표를 찍었을 것입니다.

아름다운 이별이 새로운 시작을

인간관계에서 갈무리가 중요하다는 사실은 누구나 알지만, 실제로 아름다운 뒷모습을 남기는 일은 어렵기만 합니다. 헤어지는 순간에 배려를 잃지 않는 태도는 상대의 기억 속에 깊은 인상을 남기며, 때로는 삶의 경로를 바꾸어놓기도 합니다.

지난 시간의 가치를 인정하고 서로의 노고를 헤아리는 태도는 '다시 함께하고 싶은 사람'이라는 마음을 남깁니다. 실제로 마지막 모습이 훌륭했던 이들이 새로운 프로젝트에 스카우트되거나 중요한 직책에 발탁되는 경우는 결코 우연이 아닙니다. 관계의 끝을 정중히 맺는 모습은 과거를 정리하는 동시에, 미래의 기회를 불어오는 선명한 발자욱이 됩니다.

꿈꾸던 마케팅 회사에서 인턴십을 마친 한 내담자는 "평소에 그리던 직장에서 좋은 가르침을 받을 수 있어서 영광이었습니다. 귀한 말

쏨 모두 잊지 않겠습니다!"라는 진심 어린 소회를 남겼습니다. 그의 정중함을 눈여겨본 팀장은 이후 새로운 프로젝트 참여를 제안했고, 그는 계열사의 정식 구성원으로 꿈을 펼칠 수 있었습니다. 마지막에 남긴 진심이 상대방의 마음을 움직여 뜻밖의 기회를 얻게 된 사례였습니다. 관계의 매듭을 소중히 여기는 것, 그것이야말로 미래를 향해 갖추어야 할 아름다운 시작이 아닐까 싶습니다.

아름다운 이별을 위한 마음챙김

이별은 관계의 마침표이자 새로운 시작을 위한 전환점입니다. 서로의 길이 달라졌을 뿐, 함께 나눈 시간의 무게와 의미는 변하지 않습니다. 감정의 파고가 높더라도 상대에 대한 존중을 끝까지 지키도록 합니다. 그것이 지나온 시간을 아름답게 간직하는 자애로움이자 나의 감정을 돌보는 귀한 선택입니다.

진심 어린 감사 표현하기

함께했던 시간에 대해 담백하지만 깊은 고마움을 전해보세요. "덕분에 행복했습니다.", "귀한 경험이었습니다."라는 말 한마디는 서로의 기억 속에 따스한 온기로 남습니다.

좋았던 기억만 남기기

해묵은 서운함보다는 즐거웠던 순간들에 마음을 열어놓습니다. 부정적인 감정을 털어내고, 좋은 기억만 남길 때 비로소 마음이 편안해지고, 새로운 인연을 맞이할 자리도 생깁니다.

새로운 시작 응원하기

상대방의 새로운 삶을 진심으로 응원하는 마음을 보냅니다. 이는 나 자신에게도 좋은 매듭이 되어, 이별의 아픔을 딛고 새로운 시작을 반길 수 있습니다.

감정적인 이별을 경계해야 하는 이유

이별의 순간, 그동안 쌓였던 서운한 감정을 모두 쏟아내고 싶은 마음이 들 수 있습니다. 그러나 감정적인 충돌은 자신과 상대방 모두에게 깊은 상처를 남기고, 시간이 지난 후에도 씻을 수 없는 후회가 될 수 있습니다. 특히, 상대방에 대한 비난이나 원망은 함께했던 소중한 시간까지 부정하는 결과를 낳습니다.

감정적인 이별은 고통의 소용돌이 속에서 일어나기 때문에, 이별의 원인이나 앞으로의 관계에 대해 명확하게 정리가 안 되는 경우가 많습니다. 이는 강한 미련이나 아쉬움으로 남아 재회에 대한 기대를 갖거나, 혹은 상대방에 대한 부정적인 감정에 갇혀 새로운 시작을 못한 채 그대로 멈춰버릴 수 있습니다.

이별을 통해 관계를 돌아보고 자신의 부족한 점을 깨닫는 성장의 기회로 삼아봅니다. 실제로 이별을 겪으며 자신의 여러 단면을 바로 보고, 다음 인연을 향한 건강한 준비를 하는 경우가 많습니다. 하지만 감정적인 이별은 상대방에 대한 원망이나 분노에 휩쓸리기에 자신을 돌아볼 기회조차 잃게 됩니다. 이는 결국 같은 실수가 되고, 더 나은 관계를 방해하는 걸림돌이 됩니다.

이별은 단순히 관계를 끝내는 종결이 아니라, 다음 시간을 맞이하기 위해 거쳐야 할 문턱입니다. 문턱이 높기도 하고, 낮을 수도 있겠지만 반드시 배울 점을 찾아봅니다. 고통에는 항시 두 개의 창이 있습니다. 하나는 '괴로움'의 창이고, 다른 하나는 '지혜'의 창입니다. 이별의 문턱 앞에서 어느 쪽 창을 열지는 이제 자신의 몫입니다.

💬 상황별 맺음말 제안

관계의 성격과 상황에 따라 적절한 인사는 다를 수 있지만, 마음을 전하는 정중한 인사는 잘 갖추도록 합니다.

• 연인 관계

"우리가 함께한 시간들은 나에게 정말 소중한 추억이야. 덕분에 많이 웃었고 성장할 수 있었어. 이제 각자의 길을 걷게 되지만, 진심으로 네가 더 행복하길 바랄게."

• 가까운 친구나 지인

"오랜 시간 함께해줘서 고마웠어. 앞으로 서로 바빠져서 자주 보지는 못하더라도, 종종 안부를 나누며 지냈으면 좋겠다. 언제나 네 꿈과 행복을 응원할게."

• 직장 동료

"그동안 함께 일하며 많이 배웠습니다. 여기서 쌓은 경험은 저에게 소중한 자산이 될 것입니다. 앞으로 하시는 일마다 승승장구하시길 진심으로 기원합니다."

　어디서든 마지막까지 정성을 다하는 태도는 상대방에게 깊은 인상을 남기고, 이는 당신을 향한 좋은 평판이 됩니다. 물론 모든 이별이 순탄치는 않습니다. 때로는 사실을 받아들이기 어렵고, 고통스럽기만 합니다. 하지만 그 혼란을 잘 다룰 때 내면은 더욱 성숙해집니다. 우리는 이미 알고 있습니다. 어떤 길이 더 나은 방향인지, 그리고 어떻게 나아가야 할지를 말입니다. 이미 알고 있는 그 해답을 따라 어깨를 펴고, 가슴을 활짝 열고, 정면을 보세요. 수고 많으셨습니다.

——

때로는 인생의 한복판에서
예기치 못한 이별을 맞이합니다.

그 감정에 남을 것인지
앞으로 나아갈 것인지
당신은 선택할 수 있습니다.

오늘도
수고 많으셨습니다

우리의 진심 어린 노력은 눈에 보이지 않을 때가 많습니다. 하지만 "수고했어."라는 단 한마디는 그 보이지 않는 노고까지 깊이 공감받는 느낌을 줍니다. 이 말은 '당신의 하루가 결코 헛되지 않았습니다'라는 따뜻한 위로가 되어 고단함을 덜어줍니다.

우리에겐 노력을 인정받고 싶은 욕구가 본디 있습니다. '수고했다'는 말은 나의 노력을 알고 있는 누군가가 곁에 있다는 마음에 위안이 됩니다. 특히, 매일의 고충을 함께하는 동료로부터 듣는 이 말은 고된 하루를 보상받는 기분을 느끼게 합니다.

얼마 전, 연이은 밤샘 작업으로 몸과 마음이 몹시 지쳐 있었습니다. 급한 점심 미팅을 마치고 돌아가던 길, 지하철역 옆 꽃집이 눈에 들어왔습니다. 쫓기는 시간 속에서도 '나를 위한 선물이 필요하다'는 생각에 이끌리듯 들어섰는데요. 시선을 사로잡는 보라색 꽃을 고르고, 가만히 응시하는 것만으로도 스스로에게 건네는 무언의 위로가 된 듯 마음이 한결 가벼워졌습니다.

평소라면 조용히 돌아섰겠지만, 그날은 꽃을 포장하는 사장님께 "이 꽃은 제게 주는 선물이에요."라고 말해버렸습니다. 제 말을 들은 사장님은 따스한 미소와 함께 "오늘 정말 수고 많으셨습니다!"라고 화답해 주었습니다. 그 짧은 한마디에 담긴 진심에 뭉클해진 찰나, 어느새 보라색 꽃 한 단을 더 챙겨주며 "시간이 지나면 활짝 필 거예요."라고 웃으며 말해주었습니다. 어쩌면 고단함 속에 묻혔을 평범한 하루가 '수고 많으셨습니다'라는 다정한 한마디 덕분에 오래도록 기억에 남을 특별한 날이 되었습니다.

수고했어, 그 가치를 찾아서

'수고했어'라는 말이 진심으로 다가오는 순간은 단순히 일이 끝났을 때가 아니라 나의 수고를 누군가가 알아봐 줄 때입니다. 겉으로 드러나지 않는 궂은일이나 힘들었지만 내색하지 않았던 노력을 곁에서 헤아려 "그동안 정말 수고 많았어."라고 말해줄 때 뿌듯함이 커집니다. 얼마 전, 한 지인은 밤 늦도록 후배의 자료를 꼼꼼히 정리해 주었다고 합니다. 혹여나 놓친 부분이 있나 확인하며 묵묵히 도움을 주었습니다. 집에 돌아와보니 가방 한편에 쪽지가 있더랍니다. '선배님, 늘 세심히 살펴주셔서 감사합니다. 저도 선배님 같은 어른이 되고 싶어요. 오늘, 정말 수고 많으셨습니다!'라는 정성 어린 글을 본 순간, 하루의 고단함이 씻은 듯 사라지고 행복이 차올랐다고 합니다.

특히 수많은 역경과 실패를 딛고 마침내 성공을 일구었을 때, "고생 많았어, 결국 네가 해냈구나."라는 격려를 들으면 그 성취는 더욱 값지게 다가옵니다. 이는 단순한 축하를 넘어, 인고의 과정까지 인정해 주는 의미이기 때문입니다. 이러한 인정은 설령 결과가 기대에 미치지 못하더라도 걸어온 시간을 의미 있게 만들어주기에 보람을 되찾아줍니다.

'수고했어'라는 말은 단지 눈앞의 상황에만 머물지 않습니다. 그 안에는 '다음에도 잘 해낼 것'이라는 믿음이 깃들어 있습니다. 이때 인사치레를 넘어 구체적인 노고를 덧붙인다면 그 진심은 배가 됩니다. "수고했어. 특히 이번 자료는 정말 꼼꼼하더라."처럼 상대의 노력을 선명하게 짚어주는 말은 자신의 능력에 대한 확신을 심어줍니다.

우리는 때로 영혼 없는 말에 공허함을 느낍니다. 하지만 "밤샘 작업으로 자료 만드느라 수고했어." 또는 "고객 불만 처리하느라 감정적으로 힘들었을 텐데 끝까지 최선을 다하는 모습에 감동했어. 수고 많았어."와 같이 구체적인 상황을 언급하면, 상대방이 자신의 수고를 정확히 알고 있다고 느끼게 됩니다. 숨겨진 누군가의 시간을 돌아보는 태도는 관계의 깊이를 더하고 고단했던 시간을 빛나는 훈장으로 바꿔놓습니다.

스스로에게 건네는 '수고했어'의 힘

타인과의 관계만큼이나 자신과의 관계도 중요합니다. 스스로에게 건네는 "수고했어."는 자기 자신을 돌보는 가장 소중한 습관입니다. 우리는 타인의 수고에는 관대하면서도 정작 자기 자신에게는 냉담해지곤 합니다. 자신의 노력을 인정하고 격려하는 것은 자존감 회복과 심리적 소진을 예방하는 데 큰 도움이 됩니다.

저 또한 틈날 때마다 자신에게 "수고 많았어.", "고생했어."라는 말을 건넵니다. 처음에는 어색했지만 습관이 되니 타인의 위로에만 기대지 않게 되었습니다. 스스로에게 직접 해주는 위로의 말은, 힘든 순간마다 스스로를 지탱해 주는 단단한 힘이 됩니다.

한 내담자는 작은 성취에는 만족을 느끼지 못한 채 끊임없이 자신을 몰아세우는 완벽주의자였습니다. 끊임없는 자기 비난으로 삶의 활기를 잃었던 그는 습관적으로 자신을 칭찬하기 시작했습니다. "오늘의 노력은 충분히 훌륭했어.", "결과보다 과정이 중요해.", "많은 걸 배웠잖아. 수고 많았어."라고 말하며 자기 조력을 꾸준히 한 결과, 자존감을 회복하고 삶의 활기를 되찾았습니다.

💬 나를 위한 자기 조력 3단계

자신에게 어떤 말을 건넬지 고민된다면 다음 3단계 화법을 활용해 보세요.

• 1단계 : 구체적으로 칭찬하기

단순히 '잘했다'는 말보다 무엇을 위해 애썼는지 명확히 짚어주세요.

"오늘 회의를 위해 늦은 시간까지 자료를 찾고 공부하느라 정말 애썼어. 너의 그 성실함이 오늘의 시간을 만든 거야. 수고 많았어."

• 2단계 : 감정을 보듬으며 격려하기

결과에 상관없이 그 과정을 견뎌낸 자신의 마음을 따뜻하게 안아주세요.

"비록 오늘 작은 실수가 있었지만, 포기하지 않고 끝까지 책임을 다한 나 자신이 정말 대견해. 고생했어. 참 잘했어."

• 3단계 : 평온하게 마무리하기

하루의 짐을 내려놓고, 있는 그대로의 자신을 온전히 수용하는 평온한 시간을 만들어보세요.

"너는 오늘 네가 할 수 있는 최선을 다했어. 그것만으로도 충분히 훌륭해. 이제 모든 걱정은 뒤로하고 편히 자자. 수고했어."

스스로에게 "수고했어."라고 말하는 것은 자신을 향한 따뜻한 응원이 됩니다. 힘들고 지쳤을 때 스스로가 위로가 되고, 용기가 되고, 힘이 되어준다면 회복탄력성은 절로 커집니다. 마치 가장 소중한 친구에게 진심 어린 위로를 받듯, 자신에게 좋은 말을 건네며 친절하게 돌봐주세요. 그 과정 속에 심리적인 안정은 깊어지고, 삶의 균형은 회복됩니다.

수고했어, 4주 실천 미션

아무리 좋은 말도 일상에서 사용할 때 삶을 바꾸는 습관이 됩니다. '수고했어'라는 말을 4주간 실천하며, 일상의 변화를 만들어보세요.

1주 차 : 관찰하는 습관, 보이지 않는 애씀을 발견하기

인정의 말은 세심한 관찰에서 시작됩니다. 첫 주에는 가족이나 동료가 어떤 일에 마음과 시간을 쏟았는지 구체적으로 관찰해 보세요. 퇴근길, 혹은 하루를 마치는 시간에 '오늘 A가 보고서를 밤늦게까지 수정하느라 애썼지', '아버지가 그 무거운 짐을 묵묵히 나르셨구나'처럼 구체적인 상황을 떠올려봅니다. 소중한 사람들의 노고를 마음의 눈으로 먼저 읽어내는 훈련은 진심 어린 공감을 나누기 위한 첫걸음입니다.

2주 차 : 온기를 담아 말하기

관찰을 통해 발견한 상대의 노고를 이제는 따뜻한 목소리에 실어 표현해 보세요. 가족, 연인, 동료를 마주할 때 그간 지켜보았던 그들의 노력을 떠올리며 진심으로 "수고했어."라고 말해봅니다.

3주 차 : 구체적으로 진심을 다하기

이제 마음속에 머물던 진심을 구체적으로 표현해 볼 차례입니다. "오늘 보고서 수정하느라 늦게까지 고생 많으셨죠? 늘 세심하게 일하시는 모습을 보면서 대단하다고 느꼈습니다. 정말 수고 많으셨습니다."와 같이 구체적인 상황을 덧붙여 상대가 쏟은 노력을 선명하게 드러내주세요. 막연한 칭찬보다 이 구체적인 인정은 상대방으로 하여금, '누군가 내 애씀을 정확하게 알아주고 있구나'라는 깊은 안도감과 신뢰를 심어줍니다.

4주 차 : 나를 위한 위로

4주 동안 타인에게 수고했다고 말하는 연습을 했다면 이제 자신을 향해 말해보세요. 거울을 보거나 잠자리에 들기 전, 오늘 하루 최선을 다한 자신에게 응원과 격려를 보냅니다. "오늘 참 잘했어.", "정말 수고 많았어."와 같이 자신을 향한 친절한 인사는 하루의 위로가 되고, 내일을 위한 격려가 됩니다.

우리는 타인이 들인 노력의 크기를 온전히 다 알 수는 없습니다. 하지만 "수고했어."라는 한마디는 상대방이 들인 시간과 열정, 그리고 보이지 않는 고충까지 이해하고 있다는 마음을 전달합니다. 결과를 다 떠나서, 그 과정을 인정해 주는 일은 상대방에게 큰 격려가 됩니다. 이제, "수고 많았습니다!"라는 말을 어디서든 사용해 보세요. 당신의 시간은 물론, 주변 사람들의 삶까지도 의미 있게 만들 수 있습니다.

———

노력을 인정해 주고
진심 어린 칭찬을 할 때
얼마나 힘이 되는지 모두가 알고 있어요.

"오늘도 수고 많으셨습니다!"

첫 만남,
매력을 끌어올리려면

첫인상은 단순히 처음의 느낌을 넘어, 앞으로의 관계를 결정하는 중요한 기준이 됩니다. 이를 심리학에서는 '앵커링 효과Anchoring Effect'라고 합니다. 처음 형성된 인상이 닻Anchor처럼 강력하게 적용하면, 이후에 들어오는 모든 정보는 이 첫인상을 기준으로 해석됩니다. 긍정적인 첫인상은 상대방의 작은 실수도 너그럽게 이해하게 만들지만, 부정적인 첫인상은 사소한 행동마저 나쁘게 보이도록 합니다. 결국 첫인상은 관계의 시작 방향을 정하고, 그 방향을 바꾸는 데는 많은 노력이 필요하기에 인상 관리는 중요합니다.

많은 이들이 좋은 첫 인상을 남기기 위해 노력하지만, '잘 보여야 한다'는 압박감은 긴장하게 만들고, 평소의 여유와 자신감은 사라집니다. 긴장이 높을수록 상대방의 사소한 태도에도 영향을 받게 됩니다. 그러다 보니 대화에 집중하기 어렵고, 자신이 어떻게 보일지 신경쓰느라 초조해집니다. 이러한 모습은 오히려 부정적인 인상을 줄 수 있기에 '좋은 인상'에 지나치게 신경을 쓰기보다 자신의 장점 하나에 집중하며 더욱 표현해 봅니다.

첫인상이 중요한 이유

첫인상이 중요한 이유는 '초두 효과'와 '확증 편향'이라는 두 가지 심리 현상이 작용하기 때문입니다.

'초두 효과'는 처음 접한 정보가 나중에 들어오는 정보보다 기억에 더 큰 영향을 미치는 현상입니다. 즉, 첫 만남에서 형성된 첫인상이 그 사람에 대한 전반적인 인상을 결정하는 데 매우 중요한 정보가 됩니다. 면접관이 지원자와 처음 만났을 때, 지원자가 밝게 웃으며 자신감 있게 인사를 하면 '이 지원자는 적극적이고 준비된 사람이구나'라는 긍정적인 첫인상을 갖게 됩니다.

이후에 지원자가 발표에서 약간의 실수를 하더라도, 면접관은 처음의 좋은 인상 때문에 '실수할 수도 있지, 원래 똑똑한 사람인데 긴장했나 보네'라며 관대한 시선으로 넘어가게 됩니다.

반면에 '확증 편향'은 한 번 만들어진 첫인상을 확인하고 뒷받침하는 정보만 선택적으로 수집하고 반대되는 정보는 무시하려는 심리입니다. '나는 이 사람을 이렇게 판단했어'라는 믿음이 생기면, 반대되는 증거는 흘려버립니다. 만일 어떤 모임에서 처음 만난 사람이 당신이 좋아하는 영화에 대해 해박한 지식을 가지고 있고, 대화 내내 당신의 의견에 크게 공감해 주었다면 '이 사람은 정말 좋은 사람이고 나와 잘 통하는 사람이구나'라고 생각하며, 이후의 잘못된 행동을 쉽게 넘겨버립니다.

한편 처음 만난 사람이 당신의 말을 자꾸 끊거나, 시종일관 무표정한 모습을 지었다면 '이 사람은 자기중심적이고 예의가 없네'라고 생각하게 됩니다. 며칠 뒤 그 사람이 다른 사람의 짐을 들어주거나, 누군가를 위로해 주는 모습을 보더라도 '남들 앞이라 착한 척하는 건가?'라고 생각하며 부정적인 첫인상을 유지하려 합니다.

초두 효과가 인상의 기초를 세운다면, 확증 편향은 그 결정된 첫인상을 굳히고 지키는 역할을 합니다. 이 두 가지 효과를 이해한다면, 좋은 첫인상을 남기는 것이 왜 중요한지 더욱 명확해집니다.

첫 만남, 매력을 높이려면

첫 만남의 매력은 완벽함이 아니라, 자연스러운 태도에서 비롯됩니다. 자신을 꾸며내기보다 상대방을 배려하고 소통하려는 마음가짐이 행동과 말에 편안히 녹아들 때, 좋은 인상은 저절로 따라옵니다.

나 대신 상대방에게 집중하기

첫 만남의 긴장감을 낮추는 가장 효과적인 방법은 내 앞에 있는 상대방에게 집중하는 것입니다. 우리가 긴장하는 이유는 '내가 어떻게 보일까'라는 걱정에서 시작됩니다. 그럴수록 시선을 상대에게 돌려 그가 어떤 이야기를 하는지, 어떤 주제에 관심이 있는지 주의를 기울여봅니다.

호기심을 표현하기 : 상대방의 말에 귀 기울이고, 호기심을 갖고 궁금한 점을 물

어보세요. "어떤 일을 하세요?" 하는 목적적 질문에 그치기보다는, "그 일을 하시면서 가장 보람 있었던 순간은 언제였나요?"와 같이 다양한 열린 질문을 합니다.

경청하는 자세 보이기 : 상대방의 이야기에 고개를 끄덕이거나, 적절한 추임새를 넣는 등 경청하는 태도를 보이면, 자신의 이야기에 공감하고 관심을 기울이는 모습에 자연스럽게 호감이 커집니다.

비언어적 태도로 매력을 높이기

말 한마디 없이도 매력을 끌어올리는 강력한 소통법은 바로 비언어적 태도입니다.

따뜻한 미소 짓기 : 첫인상의 절반 이상을 결정하는 것은 미소입니다. 긴장되더라도 가벼운 미소를 지으면 분위기를 부드럽게 만들고, 당신을 더 편안하고 친밀하게 느낍니다.

개방적인 자세를 취하기 : 팔짱을 끼거나 몸을 웅크리기보다, 몸을 상대방 쪽으로 향하고 어깨를 펴는 등 개방적인 자세를 유지하세요. 이는 당신이 상대방과의 소통에 열려 있다는 긍정적인 신호가 됩니다.

자연스럽게 눈을 맞추기 : 눈을 마주치는 것은 상대방에게 존중과 신뢰를 전달하는 효과적인 방법입니다. 대화에 시선을 맞추며 상대방의 이야기에 집중합니다.

진솔함과 긍정적인 언어를 사용하기

매력은 꾸며낸 모습에서 나오지 않습니다. 당신의 솔직함과 긍정적인 언어가 가장 훌륭한 자산입니다.

진심 어린 칭찬을 건네기 : "말씀하시는 태도가 참 좋으세요"와 같이 상대방의 장점이나 좋은 인상에 대해 구체적으로 칭찬하는 것은 대화를 긍정적인 방향으로 이끕니다.

긍정적인 주제로 이야기하기 : 즐거웠던 경험이나 좋아하는 것에 관해 이야기하며 대화의 온도를 따뜻하게 채우세요.

솔직함으로 다가가기 : 긴장되는 마음을 억지로 감추기보다 "처음 뵙는 자리라 조금 긴장되네요"와 같이 솔직하게 표현하는 것이 좋습니다. 오히려 그런 진솔함이 상대방의 마음을 편안하게 만들어줍니다.

비호감, 한순간이에요

첫인상에서 매력을 떨어뜨리는 말과 행동은 주로 자기중심적 태도와 상대방을 배려하지 않는 모습에서 비롯됩니다. 이를 피하는 것만으로도 좋은 인상을 남길 수 있습니다. 다음은 특히 주의해야 할 행동들입니다.

자기중심적 대화에 빠지지 않기

매력을 떨어뜨리는 가장 큰 실수는 자신에게만 집중하는 대화입니다.

대화 독점하기 : 상대방의 말에 끼어들거나, 끊임없이 자신의 이야기만 늘어놓는 것은 대화에 대한 의지가 없음을 보여줍니다. 이는 듣는 사람을 지치게 만듭니다.

자랑 늘어놓기 : 자신의 성과나 능력, 인맥을 과도하게 드러내는 행동은 허영심이

많거나 오히려 자신감이 부족하다는 인상을 줍니다.

'나'로 끝나는 대화 : 상대방의 이야기를 듣고도 관심을 기울이기보다 "저도요."라고 말하며, 다시 자신의 경험을 꺼내는 것은 무관심한 태도로 비칠 수 있습니다.

부정적인 말과 태도를 피하기

첫 만남의 분위기는 좋은 대화가 오갈 때 기억에 오래 남습니다.

불평과 걱정 : 만난 지 얼마 안 된 상대방에게 회사, 상사, 또는 주변 사람들에 대한 불평을 늘어놓거나 일에 대한 걱정을 내놓는 것은 부정적인 인상을 남깁니다.

근거 없는 비난 : 다른 사람을 비난하거나 가십거리를 이야기하는 것은 '나에 대해서도 저렇게 말할 수 있겠구나'라고 여겨져 신뢰도를 크게 떨어뜨립니다.

불안정한 심리 노출 : 주어진 상황이나 미래에 대한 불안감을 첫 만남부터 드러내는 것은 상대방에게 부담을 줄 수 있습니다.

무례한 태도 주의하기

오래도록 습관이 된 잘못된 태도는 상대방에게 무례함을 주고 불쾌감을 줄 수 있습니다.

폐쇄적인 자세 : 팔짱을 끼거나 몸을 뒤로 젖히는 행동은 상대방과 거리를 두려는 방어적인 태도로 보입니다.

산만한 시선과 행동 : 상대방과 눈을 마주치지 않고 계속 시선을 돌리거나, 스마트폰을 자주 확인하고, 몸을 이리저리 흔드는 행동은 대화에 집중하지 않고 있다는 인상을 줍니다.

<u>**무시하는 태도**</u> : 대화 중 딴짓을 하거나, 하품을 하는 등의 행동은 상대를 존중하지 않는 비수용적 태도입니다.

반전 매력, 어떻게 보여줄까?

첫인상과는 다른 반전 매력은 상대방에게 새로운 매력과 함께 깊은 인상을 남깁니다. 예상치 못한 모습에 상대방은 더 큰 호감을 느끼게 됩니다. 반전 매력을 효과적으로 보여줄 수 있는 간단한 방법 다섯 가지를 소개합니다.

1. 조용한 태도 속, 깊은 지식을 보여주기

평소 말수가 적더라도, 당신이 잘 아는 분야에 대한 이야기가 나오면 놓치지 말고 자신만의 지식과 깊이를 보여주세요. 단, 너무 길고 장황하게 설명하지 않아야 합니다.

2. 진지한 모습 뒤, 유머 감각을 드러내기

늘 진지하고 차분해 보였다면, 예상치 못한 순간에 재치 있는 농담이나 유머로 분위기를 전환해 보세요.

3. 전문적인 일상과 상반되는 취미 공유

전문적인 모습과는 달리, 주말에는 전혀 다른 여가나 일상을 즐기는 다채로운 모습을 보여주세요. 고정관념에서 벗어나 새로운 매력을 부각시킬 수 있습니다.

4. 강해 보이는 겉모습과 달리, 따뜻한 마음 표현하기

무뚝뚝하거나 카리스마 있는 인상이었다면, 타인을 세심하게 배려하거나 약자를 돕는 따뜻한 모습을 보여주세요.

5. 신중한 태도 뒤, 과감한 결단력을 내리기

늘 신중하고 조심스러웠다면, 중요한 순간에 과감하고 시원한 결단력을 보여주세요.

우린 누구나 다양한 면을 가지고 있습니다. 한 가지 모습으로만 비치던 사람이 예상치 못한 행동을 할 때, 상대방은 당신을 입체적이고 흥미로운 사람으로 인식하게 됩니다. 단, 당신의 매력을 보여주기 위해 억지로 꾸며내거나 과장하지 않는 것이 중요합니다. 당신만의 모습들이 자연스럽게 드러날 때, 매력은 더욱 빛이 납니다.

———

오늘,
평범함의 틀에서 살짝 벗어나 보세요.

사실 삶에서 가장 멋진 순간은
'평범'하지 않을 때 찾아옵니다.

뒷말,
그조차 향기로운 사람

뒷말은 인간관계에서 자신의 품격을 낮추는 대표적인 행동입니다. 이는 타인을 깎아내려 상대적으로 자신을 더 낮게 보이려는 심리에서 시작됩니다. 남의 단점이나 불행을 이야기하며 '나는 저 사람보다 낫다'는 우월감을 느끼려는 마음이 기저에 자리할 때 나타납니다. 이처럼 타인을 낮춰 자신을 높이려는 방식은 자존감이 낮은 사람들이 선택하는 가장 손쉽고도 위태로운 방어 기제입니다.

때로 뒷말은 특정 그룹 내에서 소속감을 다지는 역기능적인 소통이 되곤 합니다. 누군가를 함께 비난하며 '우리는 같은 편'이라는 가짜 동질감을 확인하고, 관계를 강화하려는 미숙한 태도가 극명하게 드러납니다. 특정 인물을 공공의 '적'으로 설정해 쏟아내는 뒷말은 '우리'라는 집단의 정체성을 단단히 붙들고, 역기능적인 집단 응집력을 만듭니다. 하지만 부정적인 기반 위에 세워진 관계는 항상 긴장감이 흐르고, '혹시 나도 이탈자가 되면 곤욕을 치르는 건 아닐까'라는 생각에 불안한 동조가 반복됩니다.

또한 자신의 불만이나 답답함을 스스로 해소하지 못하는 경우, 뒷말은 스트레스를 즉각적으로 표출하는 창구가 됩니다. 심지어 어떤 이들은 집단 내에서 '정보의 통제자'가 되어 영향력을 행사하려는 욕구 때문에 뒷말을 하기도 합니다. 이들은 다른 사람이 알지 못하는 은밀한 이야기를 전달하며 자신의 존재감을 과시하고, 이를 통해 집단 내에서 자신의 위치를 공고히 하려 합니다.

한 내담자는 직장에서 다른 사람들의 비밀을 퍼뜨리며 자신이 팀의 '핵심 인물'이라 생각했습니다. 결국, 한 팀원이 그녀가 사람들에 대해 부정적인 말을 퍼뜨리는 것을 지적하면서 갈등이 시작됐고, 그녀의 행동으로 인한 피해가 커지자 결국 팀원들 사이에서 외톨이가 되었습니다. 이처럼 뒷말을 일삼는 행동은 결국 인간관계에서 고립을 초래하고 관계를 무너뜨리는 원인이 됩니다. 내담자는 그날의 일을 후회하며 변화를 위해 행동을 바꿔나갔지만, 한 번 심어진 인상을 바꾸는 데는 오랜 노력이 필요했습니다.

뒷말에 동조하는 사람들의 심리

뒷말에 동조하는 이들의 내면에는 불안과 기피라는 복잡한 감정이 층층이 뒤섞여 있습니다. 이들은 뒷말에 반대하거나 대화에서 이탈할 경우, 집단에서 배제될지도 모른다는 불안과 공포를 느낍니다. 결국 동조를 통해 집단의 일원임을 증명하고, 관계를 유지합니다. 이러한 동조자들은 내심 '나도 언젠가 뒷말의 대상이 될 수 있다'는 불안감을 느끼며, 뒷말하는 사람을 기피하고 싶어 하는 이중적인 심리를 품게 됩니다.

조직 내에 '따돌림 문화'가 깊이 박혀 있다면 상황은 더욱 심각해집니다. 집단에서 소외될까 두렵거나, 분위기를 깰까 주저하는 마음은 개인을 집단 역동에 휩쓸리게 만들고, 결국 타인에게 깊은 상처를 입히는 또 다른 방관자가 되게 합니다. 침묵으로 일관하거나 어설프게 고개를 끄덕이는 행위가 누군가에게는 지울 수 없는 낙인이 되는 비극에 가담하게 되는 것입니다.

한 지인은 수 년간 합창단에서 활동하며 자신의 재능을 나누고 단원들과도 스스럼없이 어울려왔습니다. 그러던 어느 날, 한 단원이 조심스럽게 다가와 충격적인 이야기를 전했습니다. 특정 단원 A가 지인에 대해 '겉으로는 웃고 다니지만 사실 사람들과 가까이하는 것을 극도로 꺼리는 이중적인 성격'이라며 근거없는 험담을 퍼뜨리고 다닌 것입니다. 처음에 A의 말을 호기심 어린 눈으로 새겨듣던 단원들도 반복되는 험담에 피로를 느끼며 거리를 두기 시작했습니다. 소문을 전해준 단원조차 "나도 그 사람, 조심해야겠어."라는 말을 남기며 지인을 걱정했다고 합니다.

뒷말을 퍼뜨리는 플라잉 몽키

'플라잉 몽키'는 주도자의 뒷말을 사방으로 실어 나르는 사람을 일컫는 심리학 용어입니다. 이 용어는 동화 《오즈의 마법사》에서 서쪽 마녀가 자신의 목적을 이루기 위해 날개 달린 원숭이들을 조종하여 주인공들을 괴롭히는 모습에서 유래되었습니다. 이들은 뒷말을 전하며 주도자의 영향력 아래 있다는 것을 과시하고, 그 권력에 대한 대리 만족을 느낍니다. '플라잉 몽키'는 교묘하게 상대방의 마음을 조종하고 흔드는 역할을 합니다. 마치 상대를 위하는 것처럼 말하지만, 그 속에는 심리적인 조종이 숨어 있는 경우가 많습니다.

"사람들이 요즘 너 때문에 힘들어해. 행동을 좀 바꿔보는 게 어때?" 또는 "그 사람이 널 많이 걱정하더라. 잘 어울리지 못하는 것 같다고 말이야. 널 생각하는 사람들이 이렇게 많아."라고 말합니다. 언뜻 들으면 도움을 주는 말처럼 느껴지지만, 사실은 주도자의 편에서 상대를 회유하며 심리적인 조작을 하는 것이지요.

뒷말을 전하는 행위 자체가 그들에게는 주목을 받는 기회입니다. 소식을 전하는 사람이 됨으로써 대화의 주도권을 잡고, 자신이 중요한 사람이 된 듯한 우월감에 빠집니다. 그러나 이는 타인의 고통을 양분 삼아 존재감을 확인하려는 미성숙한 태도일 뿐입니다.

뒷말에 대한 현명한 대처법

뒷말을 들었을 때의 현명한 대처는 당신의 품격을 지키는 중요한 일입니다.

즉각적인 반응 삼가기

동조하지도, 비난하지도 않는 중립적인 태도를 유지합니다. 가볍게 "아, 그렇군요." 정도로만 답하고 대화에 깊이 관여하지 않습니다.

화제 전환하기

"그것보다 다음 프로젝트는 어떻게 되고 있어?"와 같이 의도적으로 화제를 전환합니다.

단호하게 선 긋기

상대방이 반복적으로 뒷말을 한다면, "저는 그 분에 대한 이야기를 하고 싶지 않아요."라고 정중하면서도 단호하게 의사를 표현합니다.

직접적인 반박 피하기

"그 사람에 대해 잘 모르시네요."와 같이 직접적으로 반박하면 당신이 오히려 뒷말의 대상이 될 수 있습니다. 상대방의 좋은 면을 자연스럽게 드러내면서 더 이상 같은 말이 반복되지 않도록 합니다.

향기로운 뒷말을 남기는 사람들

세상에는 타인의 허물이 아닌, 그들의 빛나는 노고와 성취를 널리 전하는 '긍정적인 뒷말'을 하는 사람들이 있습니다. 이들은 누군가의 성공을 진심으로 기뻐할 줄 아는 깊은 공감 능력을 갖추고 있으며, 보이지 않는 곳에서 묵묵히 애쓴 이의 가치를 발견해 세상에 알리는 칭찬과 인정의 문화를 일궈나갑니다.

이들의 가장 큰 미덕은 실수에는 너그러운 관용을 베풀고, 장점을 먼저 발견하려는 긍정적인 태도에 있습니다. 이는 단순히 성격이 좋은 것을 넘어, 사람과의 인연을 귀하게 여기고 신뢰를 기반으로 관계를 맺는 확고한 가치관이 빚어낸 모습입니다.

뒷말을 줄이는 세 가지 실천법

뒷말은 습관입니다. 습관은 의식적인 노력으로 바꿀 수 있습니다.

1. 칭찬할 점을 찾는 습관 들이기

뒷말을 하고 싶은 충동이 들 때, 그 사람의 장점 한 가지를 찾아 말해보세요. 비판 대신 칭찬할 점을 찾는 것은 관계의 방향을 새롭게 바꿉니다.

2. '내가 저 말을 들으면 어떨까?' 역지사지하기

뒷말을 하기 전, 그 말이 나에게 돌아왔을 때의 감정을 상상해 보세요. 이 과정은 상대방의 입장을 이해하는 공감 능력을 키워줍니다.

3. 나에게 집중하는 시간 갖기

타인을 평가할 시간에 자신의 성장과 발전에 집중하세요. 뒷말을 하고 싶다는 것은 어쩌면 나 자신에게 더 집중할 시간이 필요하다는 신호일 수 있습니다.

기분 좋은 뒷말은 향기를 남기고, 험담은 누군가의 삶에 오랜 마음의 상처를 남깁니다. 말은 한 번 내뱉으면 퍼지기 쉽고 회복은 더 딥니다. 반면 긍정적인 뒷말은 신뢰와 존경을 쌓는 씨앗이 되어 관계

를 더욱 풍요롭게 만들고 당신의 인격이 됩니다. 우리는 어떤 말을
거둘지 선택할 수 있습니다. 긍정적인 뒷말로 향기로운 사람이 되어
보세요.

———

친밀감을 가로막는
오랜 습관을 벗어던지세요.

그토록 좋은 말이라면,
왜 자꾸만 중심에서 이탈하는 걸까요?

온라인 소통,
표정 없이도 따뜻하게

메시지나 소셜미디어를 통한 온라인 소통은 우리 삶을 편리하게 만들었지만, 동시에 오해와 불필요한 감정 소모를 일으키기도 합니다. 글자로만 소통하기 때문에 상대방의 표정, 몸짓, 목소리 톤과 같은 비언어적 단서가 모두 생략되기 때문입니다. 메시지를 읽는 사람은 자신이 처한 감정에 따라 내용을 주관적으로 해석하기 쉬워, 잘못된 추론이나 확대 해석을 낳기도 합니다.

실제로 대면 대화에서는 비언어적 요소가 메시지의 70퍼센트 이상을 차지합니다. '알겠습니다'라는 단순한 메시지도 미소와 함께 전달되면 따뜻한 격려가 될 수 있지만, 글자만으로는 차갑고 무미건조하게 느껴지기 쉽습니다. 이러한 한계로 인해 오프라인에서는 친절하고 예의 바른 사람이 온라인에서는 딱딱하고 사무적인 말투를 보여 관계가 소원해지는 경우가 생깁니다.

한 지인은 공통 프로젝트를 협업하는 동료가 현장에서 만나 이야기할 때는 친밀함을 느끼지만, 메시지로 소통하면 사무적인 말투로 바뀌어 어색해진다고 합니다. 다른 분은 평소에는 다양한 표정으로 반응하던 후배가 온라인에서는 단답형으로 답하거나 이모티콘으로 대신해 서운함을 느꼈다고 합니다. 이처럼 소통 방식의 태도가 달라지면 사소한 오해가 쌓여 불만이 되기도 합니다.

특히 감정적인 이별을 메시지로 통보받았던 한 내담자의 사례는 온라인 소통의 맹점을 여실히 보여줍니다. 상대방의 마지막 인사는 좋은 매듭이었지만, 글 속에 오타와 맞춤법 오류가 섞여 있었습니다. 얼굴을 보며 이야기했다면 달랐겠지만, 오직 글에 의존해야 하는 상황에서 내담자는 상대방의 태도가 무성의하게 느껴졌고, 좋았던 기억마저 지워지는 기분이 들었다고 합니다. 이처럼 표정 없는 소통은 사소한 실수조차도 오해의 불씨를 키우는 원인이 됩니다.

표정 없는 글에 친밀함을 더하는 방법

온라인 소통에서는 상대방의 표정이나 목소리를 알 수 없기에 상황을 주관적으로 해석하기가 쉽습니다. 하지만 몇 가지 지침만 지킨다면 온라인에서도 충분히 따뜻하고 품격 있는 대화를 나눌 수 있습니다.

간결하지만 친절하게

"네."보다는 "네, 알겠습니다.", "감사합니다."라고 말하며 존중을 표현합니다. "확인했습니다."라는 말에 한두 문장을 덧붙이면 좀 더 부드러운 인상을 줍니다. "확인했습니다. 보내주신 자료 덕분에 업무에 큰 도움이 되었습니다.”와 같이 표현을 더해봅니다. 단답형 대화가 흔한 온라인 소통에서 이러한 작은 변화는 대화의 격조를 높입니다.

긍정적인 감정을 담아

메시지에는 표정과 감정이 담기지 않아 감정을 읽기 어려운 경우가 많습니다. “수고하셨습니다.”, “덕분입니다.”, “고맙습니다.”와 같은 긍정적인 표현을 자주 하며 마음을 전달합니다. 대화의 마지막에 “오늘 하루도 힘내세요!”와 같은 응원 한마디는 상대방에게 따뜻한 잔상을 남깁니다.

비즈니스 이모티콘을 적절히 활용

대면 소통의 미소를 대신할 비즈니스 이모티콘은 온라인 대화의 딱딱함을 부드럽게 만들어줍니다. 지나치지 않은 선에서 가벼운 이모티콘을 사용하면 상대방에게 당신이 편안하고 친근한 사람이라는 인상을 줄 수 있습니다.

의도를 명확히 전달

온라인에서는 억양이나 표정을 알 수 없어 의도를 잘 파악하지 못하는 경우가 생깁니다. 요청을 할 때는 “혹시 ~를 부탁드려도 될까요?”처럼 정중하게 표현하고, 질문을 할 때는 “궁금한 점이 있어 여쭤봅니다.”와 같이 목적을 명확히 밝힙니다.

답장이 늦을 것 같으면 미리 알려주기

즉각적인 답장 강박에 시달릴 필요는 없습니다. 다만, 상대방이 불안해하지 않도록 바쁘다면 "지금은 회의 중이라 확인 후 다시 연락드리겠습니다."라고 짧게 알려주는 것만으로도 상대방은 당신의 상황을 이해하고 배려할 수 있습니다. 아니면 가까운 분들에게 당신의 일과를 말하며, "저녁에 모든 답장을 할게."라고 상황을 알려놓습니다.

상대방의 시간대를 배려

늦은 밤이나 이른 새벽, 혹은 주말에 긴급하지 않은 메시지를 보내는 것은 상대방에게 부담을 줄 수 있습니다. 급한 일이 아니라면 상대방의 일과 시간을 존중하고, 메시지를 보내는 시간대를 잘 고려해서 세심한 배려를 지킵니다.

답장 강박에서 벗어나 자신을 지키는 법

온라인 소통에서 답장이 늦어지면 '나를 무시하는 걸까?', '내가 싫어졌나?' 같은 부정적인 생각이 들기 쉽습니다. 하지만 이러한 생각은 대부분 오해에서 비롯됩니다.

나에게 집중하기

상대방의 답장 속도에 감정을 맡기기보다는 지금 내가 하고 있는 일에 집중해 보세요. 답장을 기다리는 시간 동안 다른 무언가를 생산적으로 해내다 보면, 상대방의 반응에 대한 불안감은 자연스럽게 줄

어둡니다.

모두가 바쁘다는 사실 인정하기

모든 사람에게는 각자의 일정과 할 일이 있습니다. 상대방은 당신의 메시지를 보았지만, 긴 답장을 할 시간적·심리적 여유가 없을 수 있습니다. 답장보다 우선해야 하는 중요한 일이 있을 수 있다는 사실을 이해하고 여유 있는 마음을 가져보세요.

나를 지키기

온라인 소통의 가장 큰 장점은 즉각적인 반응을 하지 않아도 된다는 것입니다. 만약 당신이 답장 강박에 시달리고 있다면, 이는 상대방의 행동이 아닌 당신의 심리가 보내는 신호입니다. 모든 메시지에 즉시 답해야 한다는 압박감에서 벗어나 자신의 감정을 먼저 챙기세요.

기록으로 남는 인격 명함

온라인에 남는 모든 글은 자신을 나타내는 '언어 이력서'이자, 당신의 인격을 보여주는 '인격 명함'과 같습니다. 신중하게 작성된 글은 그 사람의 품격과 사려 깊은 마음을 고스란히 보여줍니다. 이는 단순히 휘발되는 말이 아닌 기록으로 남아 당신의 가치를 더욱 돋보이게 합니다.

자칫 무례함과 가벼움이 난무할 수 있는 온라인 공간에서, 자신만의 언어와 존중이 깃든 태도를 보이는 것은 남과 다른 차별점이 됩니다

다. 이는 보통의 온라인 습관에서 벗어나 고유한 '나'라는 브랜드를 갖게 되는 것과도 같습니다.

　메시지 너머로 전해지는 당신의 모습은 어떠한가요? 누군가의 메시지에서 특별함을 느꼈던 것처럼, 오늘 당신의 말과 글에도 존중을 담아 각별한 순간을 만들어보세요. 온라인상의 소통은 당신의 인품을 드러내는 또 다른 무대가 될 것입니다.

———

누군가의 메시지에
내 마음이 열려 있나요?
어느 쪽인지 판단하기 어려운가요?

오늘 하루, 마음의 균형을 유지하며
당신의 감정과 함께 숨 쉬어보세요.

부록

말의 부자가 되는 100일의 연습

좋은 순간을 응고시키고,
나만의 말 부자 노트를 만드는 시간

말은 기록하지 않으면 흩어지지만, 문장으로 붙잡는 순간 내면의 단단한 자산으로 뿌리내린다

하루 중 나를 미소 짓게 했던 말, 누군가가 건넨 유려한 표현, 나 스스로를 다독이게 한 따뜻한 한마디를 기꺼이 데려와 기록해 보세요. 찰나의 좋은 순간들을 문장으로 응고시키고 간직하는 이 기록은 당신을 세상에 단 하나뿐인 풍요로운 '말의 부자'로 만들어줄 것입니다.

관계 속에서 나의 품격이 높아지고, 내가 건넨 진심이 상대의 마음에 깊은 잔상으로 머물러, 마침내 인생의 방향이 바뀌는 '풍요'를 직접 경험해 보시길 바랍니다.

사용 설명서: 나만의 언어 아카이브 활용법

1. 데려오기 Selection

하루 중 내 마음에 잔상으로 남은 다정한 말, 책이나 영화에서 발견한 멋진 단어, 기억 속에 소중히 보관해 두었던 문장 하나를 선택합니다.

2. 응고시키기_{Solidifying}

그 말이 왜 유독 내 마음에 머물렀는지, 그때에 든 감정을 가만히 느껴보면서 문장으로 담백하게 기록해 보세요. 찰나의 마음이 당신의 내면에 단단한 언어로 과정입니다.

3. 꺼내 쓰기_{Practice}

기록한 말들을 수시로 들여다보고(주의 과정), 여러 번 입안에서 읊조리며 내 것으로 만드세요(응고 과정). 그리고 기꺼이 그 문장의 주인공이 되어 소중한 이들에게 직접 사용해 보세요(실천 과정).

나만의 언어 아카이브The Language Archive

Day   Date

- **오늘 내가 데려온 말**(The Word)

  가슴에 남은 한 문장을 정갈하게 적어보세요.

  ....

  ....

- **이 말이 머문 자리**(Why & Context)

  누구로부터, 어느 상황에서 들은 말인가요? 이 말이 당신에게 어떻게 다가왔나요?

  ....

  ....

  ....

  ....

  ....

- **다짐하고 실천하기**(Take Action)

  이 말이 내 삶의 단단한 자산이 되도록, 나를 향한 다짐과 전하고 싶은 대상을 선택한
  후에 이 말이 어떻게 닿기를 바라는지 기록해 보세요.

  [나에게 남기는 다짐]

  ....

  [이 말을 전할 대상]

  ....

나만의 언어 아카이브 중간 점검표

지나온 20일의 기록을 돌아보며 나만의 문장들이 잘 쌓이고 있는지, 그 안에서 어떤 변화가 싹트고 있는지 잠시 멈춰 살펴보세요.

Day 20: 변화의 시작

한 걸음, 한 걸음 정성을 다해 여기까지 오셨네요. 자신의 세계를 묵묵히 일궈낸 당신을 응원합니다.

중간 점검

지난 20일 동안 내가 가장 많이 사용하거나, 내 가슴에 가장 깊이 남은 문장은 무엇인가요?

한 줄 멘토링 : 진정한 말의 가치는 그 말을 나의 일상으로 기꺼이 데려올 때 비로소 시작됩니다.

Day 40: 자신만의 방식으로

누군가의 미소가 되어 준 당신, 이토록 근사한 여정에 축복을 보냅니다

중간 점검

40일 전보다 더 풍요롭고 유연해진 나에게 건네는 격려의 말을 남겨보세요.

한 줄 멘토링 : 자신만의 길을 만드는 당신, 이제 당신의 일상은 '좋은 날'이 머무는 자리가 될 것입니다.

Day 60: 타인과 세상을 잇는 말

당신이 붙잡은 문장들이 이제 내면의 단단한 자산으로 뿌리내렸습니다.

중간 점검

서툴지만 용기 내어 건넸던 말, 그로 인해 관계에 일어난 작은 변화를 적어보세요.

> 한 줄 멘토링 : 이제 걸어온 길에 감사하며, 더 높은 목표를 향해 나아가세요. 당신이 그 삶의 주인공입니다.

Day 80: 더 깊은 정확성과 아름다움 속으로

어서 오세요. 그동안 빚은 수많은 말들이 당신이 품격이 되고, 삶의 격조를 바꾸었습니다.

중간 점검

나의 말이 감사와 사랑으로 되돌아온 순간을 떠올려보세요. 그 순간을 더 늘리려면 어떻게 해야 할까요?

> 한 줄 멘토링 : 아름다운 말은 더 나은 세계로 나를 이끌 가장 향기로운 미래입니다.

Day 100: 말의 부자, 모두를 두근거리게

축하합니다! 이 멋진 일을 마침내 해내셨네요. 당신다움이 빛나는 100일의 시간이었습니다. 이제, 가장 빛나는 지점에 와 있습니다.

중간 점검

100일간의 언어 아카이브를 마친 지금, 당신의 삶에 찾아온 가장 놀라운 '기적'은 무엇인가요?

나에게 건네는 헌사

이토록 대단한 여정을 끝까지 완주한 나 자신에게 꼭 해주고 싶은 말을 남겨보세요.

> 한 줄 멘토링 : 말이 자산이 될 때, 지금껏 상상했던 삶이 완전히 새롭게 시작됩니다. 스스로 빛나는 삶은 '말의 품격'에서 완성됩니다.

내가 가진 말이
곧 나의 자산이 된다

내가 가진 말이 곧 나의 자산이 된다

말의 부자

초판 1쇄 발행 2026년 2월 23일

지은이 김도연

기획편집 김소영
디자인 박영정

펴낸곳 언더라인
출판등록 제2022-000005호
팩스 0504-157-2936
메일 underline_books@naver.com
인스타그램 @underline_books

ISBN 979-11-987430-9-1 03180